Corporate Ethics of a Risk Society

リスク社会の企業倫理

後藤茂之 [著]

中央経済社

はじめに

　現在われわれが身を置いている社会は，これまでのものの見方や捉え方（パラダイム）が大きく変わる移行過程にあると考えられる。

　本書ではこの状況を「移行社会」と表現し，この特別な時期にこそ持続的成長について考えるべきだと思っている。

　移行社会においては，社会と企業の関係も変化する。そして，企業活動と社会の価値観にギャップが生じたとき，企業は存続理由を失う。移行社会に向け，良き市民として企業はどのように行動すべきなのであろうか。

　企業活動が社会の価値観と一致していたとしても，不確かな将来に対する戦略と，リスク管理に失敗すると，有用な価値を創造し得ず，経済的に存続することができない。

　つまり，次世代に向けた存続の必要条件は，企業倫理とリスク管理の視点から企業の基本的枠組みを再検証し，必要な是正を行うことである。そして十分条件を満たすためには，是正された企業の倫理・理念，組織の指揮・統制（ガバナンス），戦略とリスクの統合管理に基づきリーダーシップを発揮し，組織文化を醸成し，組織の実行性を確保しなければならない。

　今われわれは，移行社会の入口に立ったばかりである。本書のテーマは，企業倫理，リスク管理を統合的に捉え，次世代の社会への準備としてどのような経営革新が必要なのかを検討することにある。

　個人や企業は現在，グローバルな関係性の下，サイバー層／物理層が融合したシステムの中で活動している。そして，企業には，SDGs[1]が掲げた課題解決に向けた貢献が期待され，CSV経営[2]の実践が求められている。

　将来の具体的シナリオを正確に予測することはできないことから，企業活動には機会とリスクが伴う。企業は，活動の元手たる資本・資金を市場から調達

し，その成果を確実に投資家に還元することでファイナンスの安定化を図りうる。社会が大きく変化しようとする中で，各企業は，持続的成長の軌道に乗せられるのか，社会との良好な関係をどのように構築できるのかが問われている。そして投資家を含む市場関係者は，ESG（環境，社会，ガバナンス）に関わる非財務情報の発信を求めている。

　科学の前身は哲学であった。産業革命と歩を合わせるように哲学から物理学，化学，地学といった専門領域が分化していった。経済学においても，アダム・スミスやケインズは，市場経済の合理性を認めつつ，人の行動を律する道徳論を展開している。アマルティア・センは，近代の経済学において工学的アプローチが優勢になりすぎ，倫理的アプローチが不十分になっている，と指摘する。

　社会の不確実性が高まっていく中，企業は，不確実性をリスク量という形で定量化することによって経営管理に組み込んだ統合的リスク管理（Enterprise Risk Management：ERM）を発展させてきた。しかし，経営を取り巻く環境は，既知のリスクを変質させこれまでの経験知を十分適用できないようにしている。また計量化できない新たなリスクがどんどん登場しているように見える。このような変化の中で，補強を急がない限りERMは機能不全に陥る恐れがある。

　発展と豊かさの陰で新たな脅威にさらされている現代の「リスク社会」，われわれは社会的課題とリスクをどのように捉え，経営の基本的枠組みを再定義

1　SDGsは，Sustainable Development Goalsの略で，「持続可能な開発目標」と訳される。2015年9月の国連サミットで，2030年までのグローバルな課題の解決に向け，世界の全ての人に達成のための協力を呼びかけた17の目標（Goals）を指す言葉である。加盟193か国の全会一致によって決定された。「環境」と「経済」，人権や暮らしといった「社会」の3つの分野の調和を図ることが意識されている。

2　マイケル・ポーターによって提唱された概念で，社会価値と経済価値の両方を創造するCSV（Creating Shared Value：共有価値の創造）を追求することを目標とする経営モデルのことである。

するのか。今まさに，倫理とリスク管理を有機的に関連づけた包摂的意思決定と行動が求められている。

　本書の着想は，現在著者が従事している企業に対するアドバイザリー業務や，大学で，リスク管理，保険論，環境リスク論，企業倫理の講義をする中で感じる問題意識がきっかけになっている。新たなリスク社会に向かっていく企業が，いかにエシカルでレジリエントな経営を推進していくかがテーマとなっている。

　著者の専門はリスク管理である。デジタル革命や気候変動を含む今後の経営環境の変化に対し，ERMは大きな挑戦を受けているという問題意識の下で，2019年に『ERMは進化する』を著した。その後，気候変動という具体的なテーマを取り上げて『気候変動リスクへの実務対応』を2020年に刊行した（共に中央経済社刊）。本書は，先行する2つの書物と，不確実性への対応という課題意識を共有しつつ，企業倫理の視点とリスク管理を包摂する思考の重要性を提起するものである。これは，移行社会という大きなパラダイムシフトが，企業の社会的責任といった古くて新しい課題に再び強い光を当てているものと考えるからである。

　本書は，読者として本領域を研究する学生や，業務で関係している実務家を想定している。本書における検討が参考になれば幸いである。

2021年8月

後藤　茂之

I

Contents

リスク社会の企業倫理

はじめに

第Ⅰ章 企業の社会的責任と倫理

第Ⅱ章■リスク社会におけるリスク管理の強化

第Ⅲ章■倫理とリスク管理の視点からの事例検討

第Ⅳ章▉経営が直面する3大脅威の特徴

第Ⅴ章■移行社会に向けた経営管理の強化

企業の社会的責任と倫理

　社会は今，次世代に向けて移行の過程にあります。このようにパラダイムが大きくシフトするとき企業としてやらなければならないことは，どのような社会になるのかを分析・理解し，適応するために自らを変革していくことです。このような変化は，必然的に未知のリスクを引き起こします。

　そして，社会が大きく変化するとき，社会の良き市民として，企業はどうあるべきか，を改めて自らに問う必要があります。この問題に対し，企業倫理学は有用な知見を提供します。

　本章で，企業倫理を考える際の基本的事項を整理します。そして，企業の社会的責任を検討する際の基礎事項をレビューします。これらは，次章以降の検討の基礎的知見となります。

　移行社会に向けて重要性が増すESG要素とレジリエンスとの関係についても考察します。

1　移行社会と企業の責任・行動

(1)　移行社会の特徴と対応の視点

　法律や規制は，環境変化に対して後追いとならざるを得ない。変化の中で，生き残り，成長し続けるため，企業はビジネスモデルを変革し続ける必要がある。

　実務家にとって，学問から得られる知見は，変化の本質を解析し課題を発掘し，解決への示唆や洞察力を提供してくれるものとなる。本書での検討に先立って，次の3つの視点を紹介しておきたい。

　1つ目は，自然環境の保全と経済成長のトレード・オフをいかに回避して両立させるかという視点である。例えば『自然資本の経済』の中で指摘された下記の4つの指針は参考になろう。

　ポール・ホーケン，エイモリ・B・ロビンス，L・ハンター・ロビンズは，環境面で責任あるビジネスモデルについて，次の4つの指導方針を提示している[1]。

① 　天然資源の生産性は飛躍的に増加させなければならないし，させることができる。例えば，従来の型にはまった開発パターン（各々を開発する）の代わりに，集合住宅，緑地，生息回廊および自転車舗道をつないで地域を設計する宅地造成により，環境破壊を起こさせない方法を検討するなどの発想の転換が，生態効率性を上げることとなる。

② 　ビジネスが生物学的プロセスをモデル化するために再設計される必要がある。バイオミミクリー[2]，閉ループモデルと呼ばれている。つまり，廃棄物や

1　ポール・ホーケン，エイモリ・B・ロビンス，L・ハンター・ロビンズ『自然資本の経済』（佐和隆光監訳，小幡すぎ子訳，2001年，日本経済新聞社）。

汚染として捨てられていた副産物は，排除されるか，製造工程に再統合されるか，生物圏に無害または有益な産物として返さなければならない。

例えば，従来の廃棄物を生産システムに統合する，廃棄物を生物学的に有益な要素に転換する，あるいは最低限，生物圏が吸収できる速度以上に廃棄物を出さない方法を模索する。このアプローチは，製品ライフサイクル上の責任と呼ばれるアプローチである[3]。

③ 製品を作り出すものというビジネスの伝統的なモデルを，サービスを供給するというモデルに転換していくべきである。以前の経済活動は，実際には消費者需要がサービス（例えば，照明や床に何かを敷くこと）に焦点を当てている場合にも，製品（例えば，電球や敷物）を生産することに注目してきた。しかし，サービスを供給するという発想は，目標達成の大きな意欲を与える。

④ 経済学が教えるように，企業は生産資本に投資しなければならないが，これまで無視してきた自然資本に再投資しなければならない。

2つ目は，利己的で合理的な経済主体の行動の前提と現実の乖離に関する視点である。アマルティア・センの指摘内容を要約すると次のとおりである[4]。

---

2 ミミクリー（mimicry）は真似，模倣，擬態，模造品などを意味するが，生体の組成や形状を研究し，その優れた機能を工学技術として応用すること。またはそうして開発されたものを指す。

3 ウィリアム・マクダナフ，マイケル・ブラウンガード『サステイナブルなものづくり──ゆりかごからゆりかごへ』（吉村英子監訳，2009年，人間と歴史社）は，参考事例を研究している。

4 アマルティア・セン『アマルティア・セン講義 経済学と倫理学』（徳永澄憲，松本保美，青山治城訳，2016年，ちくま学芸文庫）。また，宇沢弘文も，経済学における人間の心の取扱いについて，次のように指摘する。「マルクス経済学にしても人間は労働者と資本家という具合に階級的にとらえるだけで，一人ひとりに心がある，とは考えません。新古典経済学においても，人間は計算だけをする存在であって，同じように心を持たないものとしてとらえている。経済現象のあいだにある経済の鉄則，その運動法則を考えるとき，そこに人間の心の問題をもちこむことは，いわばタブーであったわけです。」（宇沢弘文『人間の経済』（2017年，新潮新書），P.17, 18）。

　経済学は，もともと倫理学につながる起源と工学につながる起源を持っている。近代経済学の発展とともに，実証主義経済学の方法論に重点が置かれ，倫理的アプローチの重要性が大幅に低下した，と指摘する。これまで経済学が，人間行動の動機を純粋かつ単純，冷徹なものと捉え，善意や道徳的感情といったものに乱されないとする経済理論上の行動仮説の下で，結果主義的な工学的アプローチを使った推論によって，経済効率性に関する分析を可能にした。

　上記のアプローチが多くの成果を挙げたことを認めるものの，経済学と倫理学の距離が広がったことで，現代経済学は大幅に力を失ったと説く。つまり，経済学が現実の人間を取り扱う学問であることから，人間の現実の行動における権利と自由の選択といった道徳的評価を踏まえた倫理的思考と有機的に結びつくことにより，さらに意味のある生産的な分析が可能になることを指摘する。そして，外部性や市場外の相互依存関係，政府の政策の信頼性欠如などの要因から生じる効率の失敗といった事例に対して新たな可能性を切り開くこともできると述べている。

　3つ目は，特に不確実性下における意思決定の中に，人の持つ限定合理性からヒューリスティクスの功罪を組み込んだ行動経済学の視点である。過去を振り返ったとき，不確実性がもたらす収益と損失の機会に翻弄され，事態の変化に対する「見極め，見切り」ができず，戦略の変更の遅れから倒産に至った企業も多い。同時に人は「先人の轍は踏みたくない」と考えていたとしても，その後も同じ失敗を繰り返し，経験が十分生かされていない事実を認識させられる。変化の初期段階では，情報・データに制約があり，人の意思決定にバイアスが介在する恐れがある。科学が仮説を検証しつつ理論を前進させていくように，企業も継続的検証のサイクルの中で不確実性をリスク化していく必要がある。

6

(2) 未知のリスクへのアプローチ

　未知のリスク（エマージングリスク）に直面したとき，最初から適切な処方箋を描くことはできない。同時に，たとえ地道な対応を行ったとしても，合理的なアプローチをとらなければ，解決には決して近づかない。次の3つの書物からの示唆を参考にしたい。

　1つは，ピーター・バーンスタインの『リスク（Against the Gods）』である。不確実性へのアプローチ方法が示唆されている。同書のテーマは，著者が「日本語版に寄せて」の中で述べているように，リスクの発展の歴史である。次のとおり述べている。

　「二種類の人間の変わらぬ緊張関係が出てくる。一方は，確率のような計量的方法論に基づいた意思決定を信じる人々であり，他方は未来について自らのガッツ（やる気）を信じる人々である。この両者の緊張関係は，本書の全体を通じて語られる[5]。」

　2つ目は，イツァーク・ギルモア，デビッド・シュマイドラーの『決め方の科学─事例ベース意思決定理論』である。同書の目的は，「はじめに」で端的に説明されている。つまり，「われわれは明日何が起こるかわからないまま，今日なにをするかを決めなくてはならない。しかし，われわれは暗闇の中を手探りで進むわけではなく，しばしば何が起こるかわからないなりにそのことを意識し，将来を予測しながら現時点での行動を決めていく。このような人間─不確実性に直面しつつもそれを認識している人間─のものごとの決め方（＝意思決定）のしくみを読み解く数量モデルを構築すること[6]」である。将来のデシジョン・ツリーを描いたとき，ステイト（確率事象）もオッズ（発生頻度）も

5　ピーター・バーンスタイン『リスク─神々への反逆』（青山護訳，2001年，日経ビジネス人文庫），P.5。
6　イツァーク・ギルモア，デビッド・シュマイドラー『決め方の科学─事例ベース意思決定理論』（浅野貴央，尾山大輔，松井彰彦訳，2005年，勁草書房），P.3。

明確でない，いわゆる仕組みの見えない状況（Structural ignorance）に対する合理的アプローチとして，過去経験した類似事例から類推すること，そしてそのとき採用した選択肢がどのくらいの効用をもたらしたかを参考にしながら意思決定をしていくことを奨励している。

　3つ目は，トーマス・クーンの『科学革命の構造[7]』である。同書は，通常科学におけるパラダイムが科学革命を通して新しいパラダイムに移行する際，対立するパラダイムの主張者同士は，同じ方向を見ても違ったものを見る。このような批判的思考を通じてわれわれは新たな認識のステージへと移行することが可能となる。

(3)　社会の価値観の変化と企業評価に関する開示

　2015年9月の国連サミットで，地球環境問題や貧困，健康などを含む社会問題（17の目標と169のターゲット）への全員参加を求める持続可能な開発目標（Sustainable Development Goals：SDGs）が採択された。これを受け，企業のSDGsへの取組みが進められている。その動きに呼応する形で，わが国の年金資産運用も投資先企業のSDGsやESG（環境，社会，企業統治）への取組みを評価するESG投資への関心を高めている。
　現在，企業はSDGsを取り入れて，財務価値と非財務価値からなる企業価値の持続的成長をいかにマネージするか，つまりSDGs/ESG活動を企業価値向上にどのように結びつけていくのかを模索している。また，ESG投資を行う機関投資家も，投資先の取組みに対する評価をいかに行うべきか試行している。

　1980年代まで多くの投資家が注目していたのは企業の財務情報であり，上場企業の開示も財務情報が中心であった。しかし，1990年代から徐々に投資家が

7　トーマス・クーン『科学革命の構造』（中山茂訳，1971年，みすず書房）。

8

必要とする情報が無形資産，いわゆる非財務情報にも拡大し始めた。これまで確定情報を中心とする期間損益に関わる財務情報が重視されていた。しかし，将来どのように稼ぐかを理解し，将来価値を評価するうえで，経済価値ベースの財務報告や企業の広範な活動を知る非財務情報の重要性が急速に高まっている。

　ただ，財務情報は数百年という歴史を経て現在の一定のルールが確立され，そのルールに基づいた開示として定着してきているが，非財務情報の重要性が認識されたのは1990年代からであり，開示の有り様については種々の試行，模索が続いている。

　非財務情報における標準化の最初の試みがGRI（Global Reporting Initiative）スタンダードである。2000年にガイドライン初版を公開して以来，気候変動や水といったテーマを盛り込むなどアップデートを重ねてきた。今日では，全世界のCSRレポート／統合報告書発行企業の半数以上が参考にする世界で最も普及している任意のサステナビリティガイドラインとなっている。GRIスタンダードは，投資家から求められている経営成績や財務状態に関する情報ではなく，それぞれの企業が環境や社会に与えるインパクトに主眼を置いている。投資家は，重要な事柄に対して，一貫して有用な情報を得たいと考えていることから，このニーズに合致しない項目も多く，情報量が多すぎるとの指摘もある。SASB（Sustainability Accounting Standards Board）スタンダード[8]は，GRIスタンダードと同様，細則主義的なアプローチを取っているものの，投資家のニーズを踏まえ，セクター別に項目を絞り込んだ非財務情報（E, S, G）の開示基準を提示している。

8　SASBは，2011年に米国サンフランシスコを拠点に設立された非営利団体で，中長期視点の投資家の意思決定に貢献することを目的に将来的な財務インパクトが高いと想定される非財務情報（ESG要素）の開示スタンダード（11セクター79業種向け）を公表している。

⑷　SDGs/ESGと企業倫理

　日本にも，会社が世のため人のために存在するという考え方が古くから存在する。例えば，近江商人の経営哲学の1つである「三方よし」や渋沢栄一の道徳経済合一説にあるような，社会的価値と企業行動を関連づける企業倫理の考え方がそれである。しかしながら，グローバル化した現代社会が抱える課題は，1企業，1国で解決できるレベルではなく，全球的レベルで解決していく必要がある。つまり，地球レベルの課題解決に貢献していくため，企業は地球という循環システムの中に，自らの活動を関連づけていく必要がある。

　地球システムは，陸域，海洋，大気の相互連関システムである。地球環境の保全と企業活動の関係を考えていくことは，例えば，水循環，大気循環といった動態的システムとの関係で企業活動を検証していくことを意味する。企業価値と水との関係で環境保全を考えてみるとわかるように，企業は，取水，利用，分解，排出といった水循環との関係の中に存在する。また，企業活動のバリューチェーン（上流，中流，下流）の中で，地球温暖化に影響を及ぼしている温室効果ガス（Green House Gas：GHG）の排出量をいかに管理するかといった気候変動の緩和策との関連で企業の貢献が期待されることとなる。

2　今なぜ企業倫理が重要なのか

⑴　企業倫理とレジリエンス

　古来よりわれわれは，自分を取り巻く世界や世界の中における自分について疑問をいだき，自分に納得できる答えを見つけ出そうとしてきた。2500年以上も昔の古代ギリシアの哲学者たちが，神話や伝説ではなく，自分たちの好奇心と知性を満たしてくれる説明を求め，「世界は何からできているのか」「どのようにしてわれわれは知ることができるのか」など広範な問いを発し，思索して

きた。「どう生きるべきかを考えない人生は，生きるに値しない」とはソクラテスの言である。

　倫理学を学ぶことは，これまでの生き方，固定観念を見直す際に必要なプロセスだといわれている。これは，異なる倫理的基準（フレーム[9]）の存在を認めたうえで他者の意見を知ることにより別の考え方に開かれた柔軟な思考ができるようになるからである。企業経営に倫理学を取り入れる現実的必然性もここにある。つまり，社会が大きく変化しようとしている中，社会と企業活動をこれまでの既存のフレームに束縛されず，社会の良き市民としてのあるべき行動について検証する際に倫理的知見は有用となる。

　企業は，社会における重要な経済主体である。多くの人が企業に所属して働き，生活を維持し，社会へ貢献し，自身の夢や幸せを実現している。企業は，本業（商品・サービスの提供）を通じ，関係する人々（社会）を幸せにする組織体といえる。企業の社会との関係が，企業の健全な活動とレピュテーションの維持，そこで働く社員のモチベーションやモラールに大きな影響を及ぼしている。

　リン・シャープ・ペインは，倫理と組織の強さとの関係が深いことから，企業は，すべての構成員—従業員，顧客，株主，金融機関，サプライヤーにとどまらず，企業の活動を許してくれている社会全体も含め—の支持を受け，積極的な関係を保っておく必要がある，と指摘し，次のとおり述べている。

9　われわれの思考のフレームは，職務上の訓練や経験などによって，影響を受けているといわれる。人の文化的背景や職業上の専門性に伴い，例えば経理，エンジニア，心理学者，科学者など職業上の専門性にフレームが左右される。人はこのフレームにより，直面する問題の本質を効率よく単純化して浮き彫りにし的確に捉える助けとする反面，過度に単純化すると，フレームに内在する偏見や，フレームがもたらす盲点により，最良の判断を曇らせる危険もある。そして，フレームは人の注意を特定の側面に集中させ，他の側面を覆い隠す危険があり，意思決定をミスリードすることにもなる。このような自分の持つフレームは，他人から指摘されない限り，自分では気づかないことも多い。したがって，他人からの批評により欠点を補正する必要がある。

　「信頼と責任感と高い士気とが存在する環境のもとでこそ，多くの人々が最善を尽くす…そうした環境は，正直さ，信頼感，公正さ，そして尊敬といった価値観の上にのみ構築されるものである[10]。」

　さらに，ペインは，市場との関係，社会的存在としての企業を十分意識して戦略推進の倫理的観点を持ち込む必要があり，これがリスク管理にも効果的である，と次のとおり説明する。

　「組織とリーダーは，ステークホルダーのニーズと利害を理解することが必要であり，他人を利用して他人から価値を取り上げる戦略よりも，自ら価値を作り出し，相互の利益を生み出すような戦略を指向すべきだ。また，取引での利益を求めるより，良い関係を作り上げることに焦点を合わせるべきだ。簡単に言えば，組織とそのリーダーは，自らの市場取引に，倫理的な観点を持ち込まなければならない。…今日世界中の経営者が自覚し始めていることは，マスコミや，政府や，また，社会問題に目を光らせている非政府団体によって，経営者も企業も厳しく監視されているという事実である。責任を持って行動する高いレベルの誠実さを持つ企業は，良き企業市民という誇りを持ち，社会の様々な構成員の中にあって，自らが良き存在であると自覚している。そうした企業は，訴訟沙汰に巻き込まれたり，法的制裁により損害を受けることも少ないし，また，政府から過度の規制を受けることも少ない。環境保護団体などの社外のステークホルダーと積極的にかかわっていくことが，企業の直面した問題を思わぬ良い方向に解決するのに役立った事例もある[11]。」

　現実には残念なことに，企業活動に伴う不祥事は後を絶たない。例えば，2019年12月4日に公表された「2019年全上場企業不適切な会計，経理の開示企業調査」によると，2019年1〜11月の対象企業数は，64社（前年同期比18.5%

10　リン・シャープ・ペイン『ハーバードのケースで学ぶ　企業倫理─組織の誠実さを求めて』（梅津光弘，柴柳英二訳，1999年，慶應義塾大学出版会），P.3。
11　ペイン，前掲注10，P.5〜7。

増)，案件は67件（同24.0%増）だった。集計は2008年から開始されており，当時の対象企業数は25社であったが，それ以降増加を続けている。この数字は，会計面における不正についてのデータであるが，会計以外でも企業の不正，不祥事が数多く発生していることは，マスコミの報道からも明らかである。

　企業も倫理，理念，ガバナンス，コンプライアンス，組織文化について対策を講じているが，企業の信頼を損なう行動はなくならない。不祥事は典型的な企業倫理問題の1つであり，ビジネスにおける古くて新しい問題といえる。社会は大きく変化しようとしている。企業との関係も変化する。新たな次元で社会における企業の意義，その活動に関連する倫理問題について考えてみる時期である。

　上田和勇は，現代企業が激しい競争下にあり，常に倒産リスクと隣り合わせにあること，順調に成長するよりもはるかに高い確率で逆境に直面する，と説明し，実際の再建事例の検証の中から，次のとおり指摘する。

　「自社と社会の関係を再確認し，長期視点で自社が本質的に追求すべき社会課題に取り組むことが，企業の復元力（resilience）と持続性を高める。…倫理リスク発生の背景に，企業風土や企業トップの倫理観の問題，トップおよび社員が共通の考え，目標を持つことにより，倫理リスクの発生頻度を落とすことができる[12]。」

　一般に，レジリエンスは，困難な状況に耐えうる力（耐性）あるいは早期に回復する能力と理解されている。リスク管理の観点からは，損害が起きないようにする耐性力と損害が発生した後の立ち直る力（復元力）の双方を含んでいる。そして，現代企業にとってのレジリエンスは，広く社会との良好な関係を意識し，現実のリスク管理の効果も意識していかなければならない。つまり，

12　上田和勇『企業倫理リスクのマネジメント―ソフト・コントロールによる倫理力と持続
　力の向上』（2014年，同文舘出版），P.128, 136, 139, 143。

リスクが発現し，企業に対して実際に損失が発生した場合には，企業は当面，以前と同様な活動への復帰，さらに様々なマイナス影響を克服して，持続的成長軌道へと復帰し，経済的にも社会的にも回復していくことを目指す。このようにリスク管理と倫理の関係は密接である。

　このような文脈でレジリエンスを捉える場合には，中長期的に継続して企業活動を続け，組織構成員にとっても魅力があり，社会にとっても存在意義を保持し続ける企業を意識しなければならない。リスクの発現によって傷つく可能性のある広範な資本（財務，人的，社会関係など）の耐性・復元が企業にとって重要といえる。

　また，上田は，レジリエンスの学問的研究領域について次のとおり説明する。「逆境からの回復力ともいえるレジリエンスの学問的研究が心理学から始まり，生態学，地域研究，そして最近ではビジネスの分野でも多様な視点からの研究が行われている（**図表Ⅰ－1**参照）。…その上で，企業の復元力を「逆境に陥っても，ビジョンを持ち続け，世のため，人のため貢献しつつ，経済的，心理的に回復し，持続的成長力に結び付ける力」と捉えている[13]。」

13　上田和勇『ビジネスレジリエンス思考法』（2016年，同文舘出版），P.22, 35〜39。

図表 I－1 レジリエンス研究の展開

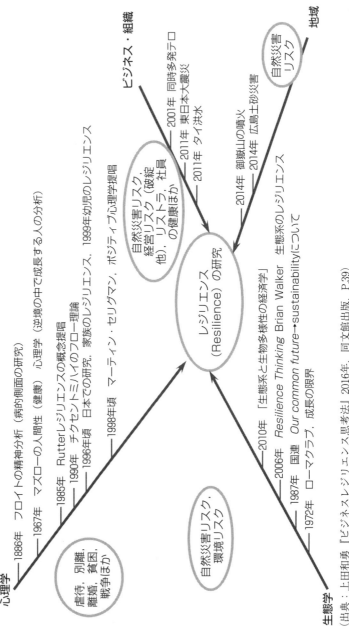

心理学

──1886年 フロイトの精神分析（病的側面の研究）
──1967年 マズローの人間性（健康）心理学（逆境の中で成長する人の分析）
　　　　──1985年 Rutterレジリエンスの概念提唱
　　　　──1990年 チクセントミハイのフロー理論
　　　　──1996年頃 日本での研究．家族のレジリエンス．1999年幼児のレジリエンス
　　　　　　　　──1998年頃 マーティン・セリグマン，ポジティブ心理学提唱

虐待，別離，
離婚，貧困，
戦争ほか

自然災害リスク，
経営リスク（破綻，
他），リストラ，社員
の健康ほか

ビジネス・組織

──2001年 同時多発テロ
──2011年 東日本大震災
──2011年 タイ洪水

──2014年 御嶽山の噴火
──2014年 広島土砂災害

自然災害
リスク

地域

レジリエンス
(Resilience) の研究

自然災害リスク，
環境リスク

──2010年 ［生態系と生物多様性の経済学］
──2006年 *Resilience Thinking* Brian Walker 生態系のレジリエンス
──1987年 国連 *Our common future*→sustainabilityについて
──1972年 ローマクラブ，成長の限界

生態学

（出典：上田和勇『ビジネスレジリエンス思考法』2016年，同文館出版，P.39）

(2)　倫理の知見をどのように活用すべきか

　社会と企業活動の関連を考える際，これまでの倫理の知見を参考にすべきである。ハルトマンとデジャルダンは，倫理を，「人が文化内でどう生き，行動するかを決める価値，規範，期待などをいう。人がどういう方法でまともに生きるべきかを考えること[14]」と説明している。つまり，倫理とは，個人の生き方の選択にかかわる問題である。自分の生き方や行動に対して，自分が正当化する考え方のことである。

　倫理上の問題は，日常の様々な局面で懸念あるいは考慮すべき課題として現れる。例えば，「それは本当にしてもいいことなのか？」「それは良いことなのか，悪いことなのか？」「われわれが今すべきことは何なのか？」といった形で問いかけられる問題である。倫理にかかわる問題は，他人との人間関係において発生することが多いため，倫理のルールは社会のルールとしばしば重なる。

　児玉聡は，倫理学の課題は，主として個人と社会のあるべき関係に関し，許容されるべき行為と禁止されるべき行為の線引きにかかわる問題に加え，単に許容されているのではなく，積極的になすべき行為，すなわち義務的な行為（約束を守る，親が子の面倒をみる，納税をするなど）といった，何を道徳的，法的義務と考えるべきかという問いも取り扱う必要がある[15]，と説明する。

　倫理の対象は拡大している。動物愛護の問題や環境保全の問題などからわかるように，必ずしも人間関係のみに制限されることはなく，その適用領域は拡大している。例えば，ベジタリアニズムや動物の権利，動物に対する道徳的義務の観点から動物に苦痛を与える肉を食べることに関する議論や，さらに肉食のライフスタイルは環境負荷が大きく，飼料となる穀物が食糧不足の問題や畜産動物を育てる際に発生する二酸化炭素やメタンガスによって気候変動にも悪影響をもたらすといったように環境問題に関連した議論にまで発展する。この

14　Hartman, Laura P. and Joe Dejardins, 2008, *Business Ethics*, McGraw Hill, P.473.
15　児玉聡『実践・倫理学―現代の問題を考えるために』（2020年，勁草書房），P.175。

ように社会の変化に伴い倫理的議論の守備範囲も大きく拡大している。

　なお，議論において，過去の論議内容を論拠とすることは意味を持たない。これは，倫理の起源を説明するものでしかなく，倫理を正当化するものではない[16]，とされているからである。このことからもわかるとおり，社会的課題については，現在および将来の問題として改めて検討していく必要がある。

　倫理と関連の深い概念として道徳（Morality）があるが，両者の関係について論者によって違いがある。しかしここでは，概ね同義で使われているものと整理しておきたい。倫理学（Ethics）と同義語として，道徳哲学（Moral philosophy）という語が使われることがある。このように，倫理学は哲学の一部として道徳問題を取り扱うものと考えられている。

　倫理と道徳の違いをあえて説明するならば，道徳は，個々の行為に対する一連の指針として，客観的に存在するものであり，特定の個々人がその基準を受け入れる（あるいは拒絶する）よりも先に存在している。つまり，道徳は，「社会のきまり」を意味し，ある文化の構成員たちによって広く認められている一連の基準から成り立っている。そして，正と不正を定める慣行（Practices）にかわるものであり，他の種類の慣習や規則や習俗などとともに，文化や制度の中で世代から世代へと伝えられていくものである，と考えられている。

　倫理学説が取り組む中心課題は，正当化（Justification）である。倫理学説や道徳哲学は，正しい行為の性質や正当化に関する考察（Reflection）を指している[17]。

　ここで，哲学と科学の違いについても整理しておきたい。われわれの社会は

16　発生論的誤謬（Genetic fallacy）と呼ばれている。
17　トム・L.ビーチャム，ノーマン・E.ボウイ『企業倫理学1』（加藤尚武監訳，2005年，晃洋書房），P.3, 4。

科学の影響を大きく受けて発展してきた。科学の社会への影響については別項でも触れることとしたいが，学問領域としての哲学と科学の特徴について，稲葉振一郎は，「哲学は，人間が社会的な存在であることを踏まえて，人として正しい生き方，善い生き方とは，どのようなものなのか，について考察する学問といえる。…科学の仕事は基本的には事実の水準，「である」の水準での営み，「世の中，ものごとが実際にどのようになっているのか」を解明することであって，「世の中，ものごとがどうあるべきか」を考えることではない[18]。」と説明している。

　科学技術の急速な発展は，例えば，遺伝子操作や人工知能の開発など，新たな倫理問題を提起する。現在応用倫理学には様々な領域が存在する。生命倫理，環境倫理，情報倫理，企業倫理，広告倫理，報道倫理，教育の倫理など，倫理問題は様々な領域で討議されている。当然そのアプローチの次元も多面的になるし，誰もが一致する唯一の結論に帰着しないケースも多い。出された結論の妥当性の判断においても，最終的な基礎が必要である（基礎づけ主義）とする立場や，基礎は必要でなく，全体として不整合がなければよいとする立場（整合説）があり，これについても決着をみていない。こうした問題は，倫理の岩盤をめぐる問題と呼ばれている。これは，地面をどこまで掘っても，全ての大地が載っている岩盤（あらゆる倫理を創るうえで参考にすべき倫理）が存在するのか，しないのか，未だ結論のでていない問題である。

　このように，倫理の問題には，社会において最初から定まった正解は存在せず，自分たち自身で，自分たちの生き方を決めなければならない，と考えられている。あらかじめ正解がどこにもない世界で，何かを指針として，何に生きる意味，行動の理由を，自分たちなりに作り出すこと自体が倫理学の課題だと考えられている。

18　稲葉振一郎『社会倫理学講義』（2021年，有斐閣），P.1, 2。

　企業も社会の一員として良心をもって行動することが求められる。企業は人で成り立っているため，個人としての倫理と個人の集合としての組織の倫理が研究の対象となる。企業倫理（Business Ethics）は，企業と倫理の接点の領域を扱う。倫理が，人間の行為における善悪を扱う学問領域であり，企業は，社会における存在意義（Mission）を明確にして企業価値向上のために活動する経済主体である。したがって，企業倫理は，企業の価値基準と倫理基準の適切な交差点を模索する学問領域と整理できる。本書では，企業のリスク管理領域の知見と企業倫理の知見を交流させて，移行社会における対応について考えることを目的としている。

　社会生活とわれわれの関係を考えてみたい。人間は単独では生きていけない社会的動物である。そして，われわれが生きていくための共存共栄のシステムとして市場というシステムを作り，その中で，自分たちが労働によって自然物に付加した価値を交換しあっている。ただ，留意しなければならない点は，これまで，自然それ自体を市場の外部に置き自然からの享受を当たり前とし市場メカニズムの中で十分に取り扱ってこなかったことである。今日の環境保全問題は，従来の社会の枠組みの中で十分な対処をしてこなかったことに原因がある。例えば，資源の枯渇や廃棄物が市場経済取引の対象になっていないこと，基本的に一国における同世代の合意をベースにする民主主義において，グローバルで未来の世代に属する環境問題を決定することには困難が伴うこと，さらに，人間以外の生物の多様性も含めた問題を，基本的人権の枠に当てはめて論議することにも困難が伴うこと，などから十分対処できていないことが理解できる。

　企業倫理学では，環境問題と企業のかかわりについての研究も活発である。このように，倫理学を研究する目的は，企業にかかわる課題を，倫理的な問題としていかに分析・理解し，倫理学的知見を応用するかにある。倫理的論考を行う際の基本的留意点についてのデジャルダンの説明を要約して以下紹介して

おきたい[19]。

「倫理学は，数学や科学や会計学のようなものではない。正しい答えを調べることはできないし，正確な答えを計算することもできない。また，人々は異なる倫理的判断をする。そして必ずしも競合する結論の間でどちらかに決定する合理的な方法が見出せないようにも思われる。…倫理についての哲学的な研究においては，倫理的相対主義と呼ばれる見解がある。つまり，倫理的な価値や判断は，最終的にはその人の文化や社会や個人の感情に依存し，それらに相対的であると考える立場である。しかし，もし完全に相対主義が正しいなら，すべての異なる意見が等しく妥当であれば，ビジネスにおける倫理的判断について評価を試みることはほとんど意味を持たなくなる。…特にグローバル経済においては，各国の置かれた歴史や文化，環境が異なる。ある国の文化的規範を，他国の課題に当てはめることが押し付けにあたり，正当化されないといった考え方の基礎になることもある考え方である。…しかし，倫理的課題に対して，単なる立場の違う者の意見のレベルから，その意見を超える何らかの原理に基づく意見に高めて展開するとき，私たちの人生において果たす不可欠な重要性や価値に関連して考察することができたなら，私たちは自分たちの論証を通して論理の規則を注意深く厳密に守り，過程の後にたどり着いた結論は，単なる意見よりも理にかなった，より正当化されたものになっているものと考える。」

(3)　倫理学の知見

倫理学は，規範倫理学（Normative ethics），メタ倫理学（Meta ethics），応用倫理学（Applied ethics）などから成り立っている。

規範倫理学は，倫理的判断の拠って立つ理由を吟味する学問である。道徳と

19　ジョゼフ・R.デジャルダン『ビジネス倫理学入門』（文京学院大学グローバル・カリキュラム研究会訳，2014年，文京学院大学総合研究所），P.25～30。

法は，社会規範として重要な意味をもつ。ある課題に対する道徳や法が既に存在する場合には，その内容は，現在，過去においてこの課題をどう考えたかを示している。しかし，規範倫理学は，既に存在する道徳や法の内容に囚われず，その考え方が正しいのか，間違っているのか，また今後，個人としてどう行動すべきなのか，あるいは社会制度がどうあるべきなのか，倫理理論に照らして正当化を試みる学問である。

　規範倫理学には，3つの競合する倫理理論がある。功利主義に代表される帰結主義，カント主義に代表される義務論，アリストテレスなどに代表される徳理論である。

　功利主義は，個々の行為の帰結によって達成する幸福に照準を合わせ，カント主義は，行為の動機に照準を合わせる。つまり，倫理基準（道徳）を人の外にあって人を導き，制約するルールと考えている。

　これに対して，徳倫理学の基本発想は，個別の行為よりもそうした行為をする能力，資質としての徳（Virtue）のほうに道徳的評価の焦点を合わせ，個別の行為よりもそれをなした主体の性質，その人となりにこそ道徳的評価（道徳的性格）を帰属させる，とするものである。

　メタ倫理学は，倫理的判断に用いられる語の意味を分析する学問である。例えば，「善い」「正しい」といった言葉をどういう意味で用いるべきなのか，「倫理的事実をどのように認識できるのか」など，通常の規範的な問いを超えて，善，悪，正しさ，義務，徳などの最も基本的な規範概念が，言語，感情，世界，信念，欲望などとどう関係しているか，関係していないかを探究する領域，そもそも倫理とは何なのかを問う研究領域である。

　メタ倫理学と規範倫理学との関係は，論理的な順序からすれば，メタ倫理学の方が基礎であり，その基礎の上に規範倫理学が成り立つ，と考えられるが，両者は互いに影響し合いながら，具体的な社会的，政策的問題について検討する応用倫理学を発展させている。

応用倫理学は，今日の社会的問題を倫理学の立場から検討するものである。具体的な領域において，規範倫理学やメタ倫理学の見地から理論と実践のすり合わせを行っている，とも説明される。つまり，規範倫理学を踏まえて，医療，環境，ビジネス，家族など個別の文脈で，善，悪，正しさ，義務，徳などが具体的に何であるのかを探究する領域である。

応用倫理学の中で，最も早く脚光を浴びた分野は，生命医療倫理学と環境倫理学である。生命医療倫理学では，人工妊娠中絶，生殖医療，終末期医療，臓器移植，脳死問題，人間対象の遺伝子工学的介入などが取り扱われている。環境倫理学では，当初，自然破壊，公害問題が意識されたが，1970年代の石油ショック以降，ローマクラブが提示した「成長の限界」も契機となって資源，エネルギー問題が意識された。さらに，80年代になると，地球温暖化問題により環境問題は，ローカルからグローバル問題へと発展した。現在の環境問題は，生態系の問題に代表される複数世代にわたる超長期的な問題，世代間公平の問題や将来世代が幸福に生存する権利の実現を助ける義務といった問題を提起している。このように価値の多元化した社会における倫理学は，もはや単一の正しい道徳的価値の秩序をかかげることはできないのではないかと考えられている。これまでは，国家単位での議論が普通だったが，20世紀末以降は，グローバルな人類社会という次元での検討が必要となっているからである。

規範倫理学における諸原則は，われわれが個人として市民として何をすべきかを決定するときに従うであろう規則と原則に焦点を当てている。種々の課題について論議する際には，人間はどのような価値観を有するのか，全体の有益な帰結を生み出すものは何か，人間の義務とは何か，何が公正で，なにが不公正なのか，また何が正しく，何が不正なのか，といった視点から思考していくこととなる。

本書では，応用倫理学の中の企業倫理を扱う。ここで，ビジネスにおける倫理的争点を評価する際に使用される規範倫理学の代表的な理論についてもう少し整理しておきたい。

22

① 功利主義 (Utilitarianism)

功利主義は，典型的には，「全体の善を最大化する」方針，あるいは，「最大多数の最大幸福」を生み出す方針と表現される。功利主義が正しい行為の基準とするのは，行為者個人の幸福はなく，関係者全部の幸福にある。

功利主義では，行為や政策の正しさは，帰結[20]のよしあしのみで決まると考える。また，帰結のよしあしは行為や政策が人々の幸福に与える影響によって評価されると考える。そして，選択可能な行為のうち，社会を構成する集団の快楽・苦痛を何らかの形で集計して総和最大化することが，最大善（道徳的評価）とする立場である。

② 義務論 (Deontology)

これは，約束を守ることや，人々にそれ相応のものを与えることといった道徳原理に基づいて決定するアプローチである。ドイツの近代哲学者，イマニュエル・カントが残した哲学的思索が，後世の哲学的議論に対して多大な影響を及ぼしており，カント以降の哲学者たちが彼に影響されて打ち出した様々な理論的見解や立場は，カント主義と呼ばれている。

カント主義では，1人ひとりの個人のかけがえのなさ，尊厳を道徳の中心に据える。したがって，功利主義のような集計主義をとらない。そして，カント主義では，行為の動機に焦点を当てる。人間には理性がそなわっており，人間は，感情や欲望などの影響に抗して理性を働かせて，意志によって自らを律して行為することのできる道徳的存在[21]である，と定義する。権利や義務は，そ

20　「帰結主義はいわゆる結果論を意味しているわけではない。結果論とは，実際に出来事が生じたあとで，その結果のよしあしを知ったうえであしておけばよかったこうしなければよかったという風に論じるものである。だが，帰結主義は通常，行為の予期される結果や，あるいは行為の一般的傾向に基づき，行為の正しさを評価するものである。」（児玉，前掲注15，P.74）。

21　カント主義によれば，人間と人間の間で成り立つ道徳性は，「XならばYすべきである/すべきでない」といった条件つき規則の形をとりえないものと考えている。すなわち，「Yすべきである/すべきでない」といった無条件の規則となるものと考える。これを「定言命法」と呼んでいる。

うした道徳的存在者がお互いに対して持ちうるものである，と考える。このようなカント主義の考え方は，行為の帰結の評価に基づいて行為の正しさを評価する考え方をとる功利主義の考え方と対照的なものと位置づけられている。カントが非帰結主義を支持する理由は次のとおり説明されている。「そもそも道徳は幸福や利益とは根本的に無関係だという発想がある。理性の命令である道徳は，幸福や何らかのものを追求するためにあるのではない。カントにとっては，義務を果たすかどうかという話と，行為によって当人や社会全体に利益が得られるかどうかという話は，別次元の事柄である。重要なことは，義務が守られ，正義がなされることなのだ[22]」，と考えるからである。

　功利主義では，すべての欲求と利益は，それが等しく幸福を生み出す程度に応じて，等しく満たされるに値すると考えている。これに対して，義務論者は，欲求と利益は同じでないと考え，少なくともある種の利益は個人の福祉のためにとても重要であるので，それらは単に全体の幸福の純増のために犠牲にされるべきではないと考える。つまり，個人の欲求と利益は区別されるべき概念として，次のように例示して説明されている。「欲求は主観的なものであり，個人の心理状態を表し，人々が追求するものである。一方，利益は，個人の便益のために作用するものであり，その人にとっての善いものに客観的に結びついている。ただ，人は得れば利益となるものを常に望むとは限らない。欲求と利益は衝突することがある。例えば，子供が甘いおやつばかりを食べようとするが，親はそのようなものを食べすぎるのは利益にならないとして否定する。また，大学生は授業を休むことを望むが，そうすることは彼らの利益にならない[23]。」

　義務論は，社会全体の幸福が増加するとしても，個人は侵害されるべきではない一定の基本的権利をもっていると主張する。例えば，親の愛と義務に対し

22　児玉，前掲注15，P.65。
23　デジャルダン，前掲注19，P.40。

て，それが全体の善に寄与する程度に応じてしか注意を向けない。親は自分の子供を愛すべきである。なぜなら，そのことは社会全体の善に寄与するからである，といった主張である。義務論者は，最終的な全体の幸福を増加させるとしても，侵すべきではない一定の約束事や義務がある，ことを指摘する。また，例えばコピーライトのように，インターネット上での音楽や映画のファイルの無制限なダウンロードを認める公共政策を採用すれば，より大きな全体の幸福を促進するとの主張もあろうが，芸術家や制作者の利益を考えると，財産権の主張が集団的な善に優先する必要があるといった主張となる。

③　徳倫理学（Virtue ethics）

これは，道徳的特性を考慮して，どのような性格特性が幸福で意味のある人生に寄与し，またそれを阻害するかを考慮してアプローチする考え方である。功利主義や義務論が行為に対して道徳的評価を働かせるのに対し，徳倫理学では，行為者のレベルに道徳的評価を働かせる。つまり，行為をする能力，資質としての徳（Virtue）に着目する。これは，具体的な行為に対してあまりにも着目しすぎるのではなく，行為を行う主体の人格（道徳的性質）に戻り，道徳の本性について考えようとするアプローチである。

例えば，経営者の高すぎる報酬についての議論では，これを貪欲で嫌悪すべきものであるとし，また狭量な自己利益によって動機づけられているとする考え方では，人は達成感のある人生を送ることができない，といった異なる視点からの論点を提供している。

⑷　経済と倫理

功利主義は，近代において，特に，政治学，経済学において大きな影響を及ぼしてきた。これは，トマス・ホッブス（1588〜1679），デイビッド・ヒューム（1711〜1776），アダム・スミス（1723〜1790）にその思想的起源を持ち，その古典的な定式化がジェレミー・ベンサム（1748〜1832），ジョン・スチュ

アート・ミル（1806〜1873）によってなされた。

　経済学では，快楽（経済学用語で言えば，効用（Utility））を重視する。そして，経済学では，すべての個人は常に自己利益から行動するものと想定する。
　経済学における意思決定理論は，期待効用理論と呼ばれる。これは，不確実な世界を前にして，経済主体が行う合理的な意思決定の枠組みのことである。ここで，合理的とは，論理的に思考した上で，それをもとに自身の効用を最大化するという意味である。
　理想的には，将来に対してある選択を行ったときに想定される多数のシナリオにおけるある時点での結果，つまり帰結状況（State）とその確率が把握し得るなら，その結果に対する満足度（効用）に確率を掛け合わせたものの総合計が，その選択肢を採用したときの期待効用となる。ただ，現実には，このシナリオがどこまで予測可能かが問題となる。また，データに基づく客観的な確率がどこまで合理的に把握できるかといった問題もある。現実に客観的な確率が得られない場合は，主観確率を当てることとなろうがその妥当性には議論も起こり得る。

　ここでは，効用の個人内比較が可能で，時間の流れの中での意思決定は可能であるとし，所得や消費など客観的な金銭や財物で測れる尺度を使って，ある時点での社会構成員全員の効用が以前よりも向上していれば，極端に言えば，ほぼ全員の効用水準が不変であるが，少なくとも1人の効用が向上していれば，社会全体の改善とみてよいと考える。（パレート基準）

　このような経済学の考え方を稲葉振一郎が功利主義との関係から次のとおり説明している。「個人の状態の良し悪しのみならず，社会全体の状態の良し悪しの評価の基準は，基本的には個人の快楽，幸福（効用）にある」という考え方は，功利主義から継承されている。このような発想を「厚生主義（welfarism）」と呼ぶ。この場合，功利主義は厚生主義の一種（厚生主義のなかでも，効用の

26

個人間比較と集計を可能と考える特殊な立場）ということとなる。さらに，功利主義を含めた厚生主義は，個人の行為，政府の政策，社会の制度の良し悪しの評価を，それがもたらす結果の良し悪しで評価するという意味において，「帰結主義（consequentialism）」の一種である[24]。」

　人間の動機は，利己的な理由によってしか動機づけられない人々もいるが，他人への配慮，同情，共感，尊敬によって動機づけられる人々もいる。つまり，人間は利己的な存在にも，優しい存在にもなる両方の可能性を持っている。人は何をすべきかといった功利主義や義務論的アプローチではなく，人はどのような種類の人になるべきかという問いからのアプローチもある。徳倫理学は，われわれはどのような種類の人になるべきか，そして，われわれは何を信じるのか，何に価値観を置くのか，何を望むのか，どのように行動するのかといったように思考を展開する。

　市場の価格調整メカニズムを通じて，「見えざる手」に導かれるように，利己心に基づいた個人の利益追求行動が社会全体の経済的利益につながると説明したアダム・スミスは，1759年に『道徳感情論』を，1776年に『国富論』を著した。道徳感情論におけるスミスの人間観と社会観が思想的基礎となり，国富論が展開されたと考えられている。
　商取引の利己主義は，万人の万人に対する闘争を引き起こすのではなく，むしろ，功利主義的な帰結，すなわち，最大多数の最大の利益へとつながる。公共の善を達成する手段として，君主国家の権威主義の手より，個人の自由を守るため政府は制限されるべきで，自由市場による見えざる手のほうがよい手段になると，考えたと一般に受け止められている。しかしスミスは，同時に，自由と自己利益への関心は手に負えないものにもなり得ることも認識しており，国家による最小の規制活動が競争的ゲームのルールを提供し強制するために必

24　稲葉，前掲注18，P.22。

要であることを提唱している，という。

　堂目卓生は，道徳感情論の著述から，スミスが人間を単なる利己的な存在と見ていたわけではなく，他人に関心をもち，それを観察することによって，自分も何らかの感情を引き起こす同感（Sympathy）を持つ存在と考えていた，と指摘する。要約し紹介しておきたい。

　「『道徳感情論』において，スミスは，人間本性の中に同感—他人の感情を自分の心の中に写しとり，それと同じ感情を自分の中に起こそうとする能力—があることを示し，この能力によって社会の秩序と繁栄が導かれることを示した。『国富論』において，スミスは，このような人間観と社会観に立って，社会の繁栄を促進する2つの一般原理—分業と資本蓄積—を考察した。…スミスの思想体系は，私たちに人間を社会的存在として捉えることの重要性を教える。人間が社会的存在であるとは，人間が他人の感情や行為に関心をもち，それらに同感しようとする存在だということである。また，それは，人間が他人から関心をもたれること，同感されることを望む存在だということでもある。社会は，このような人間が言葉や表情や行為を用いて互いに同感し合う場である。社会を通じて，個人は，他の人々が，どのような場合に，何を，どの程度，喜び，悲しみ，あるいは憤るのかを知る。この経験をもとにして，個人は自分が所属する社会で一般的に通用する「公平な観察者」を心の中に形成し，自分の感情や行為を胸中の公平な観察者が是認するものになるよう努力する。このような個人の性質が，正義の法の土台をなし，社会の秩序を形成する[25]。」

(5) 市場の失敗と倫理学的アプローチの必要性

　新古典派経済学が描く理想的な世界では，市場経済社会は，「見えざる手」

25　堂目卓生『アダム・スミス—「道徳感情論」と「国富論」の世界』（2008年，中公新書），P.269, 270。

28

の働きで，最大の効率性が発揮される。つまり，市場経済のもとで，個人は利己的利益を追求し，社会の利益を追求しようとする意図はなく，自由で偶然的な動きをするものの，社会全体は最善の効率性という理性的な目的を達成する仕組みが社会の存在自体に組み込まれているというものである[26]。

　しかしながら，利益追求が必ずしも消費者の満足の純増につながらない状況が存在することも知られており，そのような状況を「市場の失敗」と呼んでいる。代表的な失敗例として次3つの事例が挙げられる。

　まず，汚染や資源の枯渇といった外部性の問題である。ここでは，例えば，大気汚染，地下水の汚染や枯渇，土壌浸食，核廃棄物などの問題において，売り手でも買い手でもない人々（近隣住民，将来世代など）までが犠牲になり，これらの人々は経済的な交換の外部に存在している。市場が期待された結果を達成することに失敗しているので，これらを内部化するためには，規制や管理を導入する必要があると整理される。

　また公共財の問題がある。例えば，清潔な空気，地下水，海洋生物，景色，友好的かつ協力的な近所や地域社会，安全な道路など多くの社会財があり，それらには価格づけという仕組みがない。価格づけされていなければ，市場は財を最も価値あるものとみなす人々に分配する手段をもたない。それらの公共財を保存，または保護したいなら，経済市場以外の政策メカニズムが必要になる。

　第3の例として，私たちが政策決定を個人の決定の結果だけに委ねていると，重要な倫理的かつ政治的問題，例えば，職場での化学物質による汚染，殺虫剤や食品添加物を使った食品や硝酸塩や残留化学物質を含んだ飲料水の消費，公害問題といった課題に対応できない。このような問題については，個人の視点ではなく，集合的な住民，社会の視点（社会全体の善の問題）で捉えて対策を講じなければならない。

26　加藤尚武『新・環境倫理学のすすめ　増補新版』(2020年，丸善出版)，P.127は，「アダム，スミスの見えざる手」の思想は，善なる動機が善なる結果を生み出すのではなくて，私的な動機が公共的な善をもたらす，という倫理学的に独創的なアイデアである。」と説明している。

　アマルティア・センは，経済学は，もともと倫理学につながる起源と工学に
つながる起源を持っていたにもかかわらず，近代経済学の発展とともに，実証
主義経済学の方法論に重点が置かれ，倫理的アプローチの重要性が大幅に低下
したとして，次のとおり指摘する。

　「経済学が，人間行動の動機を純粋かつ単純，冷徹なものと捉え，善意や道
徳的感情といったものに乱されないとする経済理論の標準的な行動仮説の下で，
結果主義的な工学的アプローチを使った推論によって，経済効率性に関する実
証的な問題に対して社会依存関係の精緻な分析を可能にし，多くの成果を挙げ
た。…ただ，経済学と倫理学の距離が広がったことで，現代経済学は大幅に力
を失った。つまり，経済学が現実の人間を取り扱う学問であることから，人間
の現実の行動における権利と自由の選択といった道徳的評価を踏まえた倫理的
思考と有機的に結びつくことにより，さらに意味のある生産的な分析が可能に
なる。そして，外部性や市場外の相互依存関係，政府の政策の信頼性欠如など
の要因から生じる効率の失敗といった事例に対して新たな可能性を切り開くこ
とも可能である[27]。」

(6)　功利主義とマクシミン規則

　功利主義は，われわれが行為や方針を決定する際に，その行為や方針によっ
て影響を受ける人を考慮した上で，結果的にできるだけ多くの人が満足する行
為や方針を決定することが正しいという考え方である。つまり，幸福において，
全体の幸福実現が重要だと考える。しかしこの考え方には落とし穴が指摘され
る。できるだけ多くの人が満足できる行為や方針であったとしても，一部の人
にとっては大きな不満があったり，とても許されない行為や方針となる可能性
がある。このような観点から提示されたのが，マクシミン規則である。これは，
最も恵まれない人々ができるだけ幸福になる行為や方針を選択する考え方であ

る。つまり，最小値を最大化する行為を選択する。社会的基本財（権利，自由，機会，所得，自尊心など）が最も恵まれない人にもいきわたることを目指した考え方となる。

　両者の違いは，幸福をどのように捉えるかという見解の相違から生じている。現実の課題に対し，われわれが行為や方針を選択する際には，個々人の最低限の幸福を重要視するべきなのか，全体の幸福の増大を重要視すべきなのか，比較衡量することが重要となる。

(7)　現代の倫理問題

　既に述べたとおり，カントやベンサム，ミルなどによって，功利主義や権利義務論といった判断基準は，今日の倫理的論議に活用されている。しかし倫理的論議の対象は拡大し，広範な論点について展開されている。現代の倫理的論議の枠組みは，20世紀半ばにオックスフォード大学の研究者たちを中心とした研究成果が基礎になっている，という。現代倫理学が対象とする倫理・道徳の基準として，佐藤岳詩は次の4つを提示している。

① 　重要性基準：私たちの生にとって重要で深刻なものを示すものが倫理・道徳。重要なものを保護し維持することが倫理的に優れたことであり，その逆が倫理的に劣ったことである。
② 　理想像基準：私たちにとっての理想像を示すものが倫理・道徳。理想に近づくことが倫理的に優れたことであり，その逆が倫理的に劣ったことである。
③ 　行為基準：意図に基づいた振る舞いを示すものが倫理・道徳。良い意図に基づく行為が倫理的に優れたことであり，その逆が倫理的に劣ったことである。
④ 　見方基準：倫理・道徳とは世界の見方そのもの。世界の良い見方がすぐれた倫理であり，その逆が劣った倫理である[28]。

　そして佐藤は，これら4つの基準の適用について説明しているが，企業倫理の検討において特に参考になる部分を以下抜粋する。

　「多くの倫理は重要性基準か理想像基準で説明がつき，それにともなって倫理の問題は重要なものを守る行為か，理想を目指す行為か，という仕方で示すことができます。しかし，より広い観点から見れば，倫理とは行為全般の意図にかかわるものとも言えますし，世界の見方そのものとも言うことができます。こうした倫理の理解そのものの違いがある一方で，それぞれの基準の内部にもまた，さらに内容に関する立場の違いがあります。…また，それらを達成するための方法や達成したと言える条件についても違いがあるでしょう。…「倫理的に何が許されないか」以前に，「倫理とは何か」の時点で，私たちの理解はこれほど違っている可能性があり，それが行為に影響を与えるということが往々にしてあり得るのです。…現在，応用倫理学という学問の領域で扱われているテーマ（について），…それぞれの専門家とタッグを組む形で，倫理学において実際に論じられています[29]。」

⑻　文化としての科学・技術と倫理

　人も，企業も，社会の中での生き物であることに変わりはない。価値観や社会の枠組みが変わろうとしている今，われわれはどのように行動すべきなのかについて改めて考えてみる時期にある。

　倫理学においては，1971年にジョン・ロールズが『正義論』を出版した前後から，社会科学を踏まえた形での新たな規範倫理学の興隆が見られる，という。これまで，よりよい社会，正しい政策についての研究は，哲学ではなく，経済

28　佐藤岳詩『「倫理の問題」とは何か―メタ倫理学から考える』（2021年，光文社新書），P.46, 47。
29　佐藤，前掲注28，P.96〜102。

学を中心とした実証的社会科学の分野において積極的であったが，生命倫理学，環境倫理学など「応用倫理学」が盛んになっている事実が示すように，先端科学技術の発展が伝統的な人間観，価値観に大きなインパクトをもたらしている。このような時期に，倫理的視点に立ち戻り企業活動を検証し直すことは意味があろう。

　社会を変革してきた科学技術について考えてみたい。村上陽一郎は，キリスト教神学の世界観と縁を切り，真理の探究を目的とする科学は，19世紀に成立した[30]，と説明する。社会，経済の発展と，科学，技術の発展が極めて密接な関係にある今日においては，科学，技術の発展を担う科学者，そしてその成果を活用して機能，活動する国家，企業，個人が，社会，経済と科学，技術の関係について，熟考する時代になっているものといえる。村上は，第二次世界大戦において，科学が軍事に活用されたり，宇宙開発において，国の威信をかけた競争に科学が活用されるといった過程の中で，それまで科学者の行動規範は，科学者集団の内部規範にとどまっていたが，研究に発注主が存在することとなり，その使命達成を請け負った研究者には，その使命を達成する義務と責任が生じた，と説明する。そして，アメリカ科学アカデミー（National Academy of Science: NAS）が，「科学の規範は，科学コミュニティ内部の責任範囲を超えて広がっている。研究者には，自分たちが生み出した業績や知識が広い社会においていかに使われるかを熟考する責任もあるのだ」と述べ，その行動規範は明らかに変化している[31]，と説明している点，留意しておきたい。

30　19世紀前半に成立した，科学者およびその周辺の人々を集めた協会（ドイツ自然探究者，医師協会（GDNA）や，イギリス科学振興協会（BAAS））の発足や，19世紀後半にヨーロッパで普及し始める大学の中の理学部に相当する制度や，ネイチャーなどの研究論文を発表する論文誌の登場など，専門家仲間の間で，知識が生産され，流通し，蓄積され，消費される知的営みとしての科学の成立を説明する。このような時代背景の下，1901年には，科学の研究成果の評価と直接結びつく，第1回のノーベル賞の受賞が行われている（村上陽一郎『文化としての科学/技術』（2021年，岩波現代文庫），P.11～15）。

31　村上，前掲注30，P.41～57。

3　社会の変化と企業の責任と倫理

⑴　企業の社会的責任の変化

　産業革命以降，資本主義経済は大きく発展した。過去50年の間に，世界の人
口は2倍になり，GDPは5倍になったことがそれを物語る。しかし，それと
同時に，例えば，化石燃料の燃焼に伴う地球温暖化に代表される地球環境への
悪影響，経済格差の拡大に伴う社会の仕組みの歪みといった大きな問題が提起
された。そういった中で，この事実を捉え，様々な領域において，既存の枠組
みの見直しが論議されている。

　今日の日本における企業倫理に関する研究や取組みは，米国におけるこの分
野の学問的，実務的な展開の影響を大きく受けている，という。鈴木由紀子は，
米国における企業倫理学は，1960年代に企業倫理が扱う社会的諸課題（大都市
の大気汚染の深刻化，合成化学物質の危険性をめぐる自然環境の保護，消費者
問題など）が現れ，1970年代に独立した学問分野として登場し，1980年代に確
立，展開していった[32]，と説明する。そして，アメリカにおける企業の社会的
責任論議から企業行動規範の制定に至る企業倫理の制度化の流れに関する鈴木
の説明を要約すると次のとおりである。
　「ウォーターゲート事件に伴って明るみに出た大企業の不正な政治献金の反
省から，1974年9月から1年間にわたり，アメリカ大企業の経営者たち合計
360名の参加を得て行われた，「過去，現在，将来における企業の社会的責任」
を主題とする連続討論会が行われ，企業における道徳性ないし倫理の絶対的な
重要性が強調された。1980年代に入ると，企業活動のグローバル化に伴い，海

32　鈴木由紀子「アメリカの企業倫理」佐久間信夫，水尾順一編著『コーポレート・ガバナ
　　ンスと企業倫理の国際比較』（2010年，ミネルヴァ書房），第4章，P.60。

外での企業活動における倫理的な問題が議論されるようになった。さらに，地球規模での環境問題の意識が徐々に高まる中，1989年にアラスカ沖の石油タンカー，バルディーズ号の座礁による海洋汚染事故によって，企業の環境保護の責任を問う声が高まった。このような中で，企業は自主的に，行動規範の制定を行うようになっていった[33]。」

　株主は企業の株式の所有者として，経営陣に対して権利と特権を持っていると考えられている。しかし，今日の企業は，株式会社制度が導入された時点の状況とは異なり，大きな規模へと成長している。このため，企業組織（Corporate system）は，主要な社会制度として扱われるのにふさわしい役割を果たすべき存在となっている。

　企業活動から利益を得たり危害を被ったり，またそれによって権利が侵害されたりする集団や個人のことを「ステークホルダー」という。この概念は，企業に対して何らかの特別な要求を持つストックホルダー（株主）という概念を拡張したものである。

　企業の社会的責任を理解するための考えが複数存在する。最も狭義の社会的責任論は，ミルトン・フリードマンを代表とする新古典派のもので，企業の社会的責任は消費者の要求を満たしながら利潤を最大化するものであるという考えであり，利潤の制約になるのは法の遵守だけである，というものである。

　一方，ステークホルダー理論によれば，株主を所有者という特別で絶対的な存在として扱わず，投資家，つまり資本家とみる。投資家以外にも正当性のあるステークホルダーがいると証明することによって具体的な義務を明確にしようとする。倫理的視点から考えれば，この考え方は，功利主義の義務論的倫理のバランスの取り方による変形だと考えられている。つまり，利潤追求というメカニズムにより，企業は消費者の要求を満足させ，そして全体の利益を最大

33　鈴木，前掲注32，P.64。

化させるという功利主義の目的に貢献するものと考えられる。しかし同時に，企業の行為によって影響を受ける人に対する義務によって制約を受けるべきである。適用する義務と権利の理論次第で，株主に対する法の遵守という最低限の義務からステークホルダー理論で示されるより広範な利害関係者への義務まで，企業活動への制約に関する考え方には幅ができることとなる。

　さらに，社会的責任を企業の使命や戦略ビジョンに組み込もうとするモデルもある（社会的責任の戦略モデルと呼ばれる）。この立場をとる場合には，企業が持続可能性を取り込み社会的な目標を追求することが株主の目標の達成にもつながることとなる。

(2)　法と倫理

　法律基準の限界について，ペインは，次のとおり指摘する。「企業は法律を順守することを義務づけられているが，責任ある行動をとるに際しては，法律を指針としていたのでは限界があり，事実，指導的立場にある企業が模範的な行動とは何かを考えていく上では，法律はまったく指針にならない。一つには，法律は元来後ろ向きなものである。法律は過去の状況や技術に対処するために制定されたものだから，社会が期待する指標といっても，時代のずれたものである。したがって技術的優位に立って将来に対し最善の方策を求めているような企業は，法律の中からは何の指針も見出せない。今一つには，法律はすべての人に対して適用されなければならないので，法律は，平均的存在である企業に対して合理的に期待しうる程度のことを要求しているだけである。それ以上のことを望む企業は，どこか別のところに基準を求めなければならない[34]。」

　ペインの指摘のとおり，法は社会の変化に対して後追いになるものの，企業の社会的責任の考え方は変化し，法的責任にも変化を生む。例えば，生産過程

---

[34]　ペイン，前掲注10，P.83。

の中で使用される原材料について考えてみる。ある物質が食物連鎖によって，その物質にさらされた個人の脂肪組織に蓄積するとき，生体内蓄積の自然な生物学的プロセスが生じる。そのため，人間の母乳が環境有害物質をどのように生体内に蓄積しているのかについて研究された。その結果，母乳が，ポリ塩化ビフェニル（PCB），DDT，ダイオキシン，ジベンゾフラン，ポリ臭化ジフェニルエーテル（PBDE），重金属および様々な他の化学属からの多数の合成物のような有毒物質の残留物で汚染されていることが明らかとなった。これらの化学物質は，自動車で使用するガソリン中の燃料添加剤，衣服と家具の難燃剤，カーペット，玩具，建材，食物および飲料容器，洗浄剤のような家庭用品の製造で使用される可塑剤や溶剤などの化合物と関係している。これらの合成物は，人間に重大な健康被害を与えるので，極論すると，人間の母乳を通じて赤ん坊に毒を与えていることになる，との指摘もある。

(3) 製造物責任の倫理的考察

　生産者は，消費者向け商品に対して，明示した製品の性能に見合う製品を顧客に提供する義務がある，と考えられている（契約説）。そして法は企業が製品について明示したことには責任をもつ義務があるものと考える。もちろん，どんな製品にもその使用によってリスクが生じることはあるが，問題はどこまでが許容でき納得できるレベルのリスクかということとなる。つまり，製品が安全だといえるのは，買い手がその製品を使うことで得る利便性に照らして，その製品のリスク情報が十分知らされており，かつ買い手がそのリスクを許容できると判断した場合である，と考えられている。換言すれば，契約説に立てば，売り手には買い手が買おうとしている製品についての条件や情報を開示する義務があり，売り手には買い手に明示した以上のリスクを負わせるべきではないとする道徳的義務があるものと考えられている。

　消費者自身の注意義務と製造業者の消費者に対する注意義務をどのように考

えるべきかという問題についてこれまで多くの議論がなされてきた。製品の知識と経験において優位な立場にある製造者と消費者との関係は平等ではない事情がある中で，ビジネス上の双方の義務の程度について，判例を積み重ね，買い手責任の原則から売り手責任の原則への転換がもたらされた。結果，厳格製造物責任（Strict liability）[35]の方向へと展開されてきた。

　この考えは，功利主義の議論に立脚しているものといえる。つまり，予知も予防も不可能であった欠陥から生じた危害は「外部的」コストとされてきたが，その製品の製造と欠陥は，瑕疵[36]とは異なり，安全に関わる製造物の客観的性状と考えられる。したがって，この使用から便益を受ける社会全体がそのコストを負担すべきものとの考えに立てば，このコストは，製造にかかわるコストとして内部化され，最終的には販売価格に反映されるものと考えられる。このようにコストを通じて，社会および製造者がより一層の配慮を払うとするなら結果的に事故を減少させることができるものと考え得る。社会全体として効率性の価値を得ることができる[37]，と考えるわけである。

　ここで，企業が販売する製品に対する法的責任，すなわち製造物責任（Product Liability）法について整理しておきたい。製造物の欠陥による被害者救済を目的として，1960年代にアメリカで法律が成立した。日本では，1994年6月22日に製造物責任法が制定され，95年7月1日より施行されている。

　製造物責任法では，製造業者などが，自ら製造，加工，輸入または一定の表示をして，引き渡した製造物の欠陥が他人の生命や身体または財産を侵害した

35　厳格製造物責任とは，製造物の欠陥によって利用者が損害を被った場合，その製造物の売り手に賠償責任があり，たとえ売り手が怠慢からその欠陥を発生させたのではなくとも責任がある，という原則のことである。つまり，過失責任から，無過失責任への転換を意味する。

36　瑕疵は民法の請負（234条）や売買（570条）に出てくる言葉で，物が契約で約束された品質，性能を備えていないことを言う。

37　トム・L.ビーチャム，ノーマン・E.ボウイ『企業倫理学2』（梅津光弘監訳，2001年，晃洋書房），P.25。

ときは，過失の有無にかかわらず，これによって生じた損害を賠償する責任があることを定めている。同法に基づき被害者は，製造会社などに対して損害賠償を求めることができる。民法の不法行為，債務不履行による責任は，過失責任主義をとっているが，製造物責任は，無過失責任で不法行為責任の特例となっている。

　無過失責任の製造物責任法が成立するまでには多くの論議があった。不法行為責任が問われる一般的な考え方は過失責任であり，原則的に，予見できたと想定できる結果を回避する義務を怠ったときに成り立つ。しかし，製造物が大きな被害を引き起こした場合，製造時点ではその結果を予見できなかったという理由で，企業が被害者の救済について免責されるのは不適切といえる。その企業の利潤を追求する活動がその事態を引き起こしたことは間違いないからである。ここに無過失責任という概念が成立する余地がある。

　また，実際問題，製造物による被害者は，営業秘密などによって製造物の情報を入手することが難しく，また複雑な製造物の内容を理解することが難しい。製造者の故意や過失を立証することが非常に困難であるという背景がある。したがって，同法では，製造者の故意や過失を立証しなくとも，被害者が，①損害の発生，②当該製品の欠陥の存在，③欠陥と損害との因果関係の3点を立証すれば，製造者の法的責任を問うことが認められている。つまり，同法は，明らかな損害，および損害を引き起こした企業に因果連鎖が遡り得ることを要求している。

　ここで，欠陥とは，瑕疵と異なり，製造物が通常有すべき安全性を欠いている状態（客観的性状）のことである。製品の性能や調子が悪いといった安全性に関わらないような品質とか機能上の問題は，欠陥とはいわない。

　欠陥の判断基準として，①消費者が期待する程度の製品の安全性を基準とする消費者期待基準，②製品が通常の状態からどの程度逸脱しているかを基準とする標準逸脱基準，③製品の有する効用と危険との比較を基準とする危険効用

基準，が採用される。次のような客観的性状が欠陥として例示されている。

● 形状の欠陥：自動車の「ハンドルの強度設計の誤り」など。設計上の欠陥が
　立証されると，その全ての製品が欠陥品と認められる。例えば，取締規制や
　ガイドラインなどの安全規制に適合していたか否かは欠陥判断の重要な要素
　となる。
● 製造上の欠陥：「製造時に設計と異なる製作をするか，不良品を出荷してし
　まった場合」などである。全ての製品に欠陥があるわけではなく，一定比率
　で生じることが不可避である場合の欠陥の判断は，標準逸脱基準が採用され
　ることが多い。
● 表示上の欠陥：「取扱説明書が不適切な場合や警告ラベルの不備」のような
　場合である。指示，警告上の欠陥が立証されると，全ての製品が欠陥品と認
　められる。ただ，説明書などに危険性が事前に明示されているときには，い
　かなる危険が生じても欠陥なしと判断される懸念もある。

　法と倫理は，混同されたり完全に別のものとして扱われることがある。また，
法哲学の世界で，法は行為という外面を規制することで外的平和を達成し，道
徳は良心という内面を規律することで内的平和を達成するものである。した
がって法は強制できるが道徳は強制できないという考え方があると同時に道徳
の捉え方が狭すぎるとの批判もある。
　このような中で，現実の問題に対する論議では，道義的責任を問う主張や，
法に反していなければ社会的制裁の対象になるべきではないといった自由主義
的主張を耳にすることがある。この点に対して，児玉聡は，道徳規範について，
次のとおり指摘している。企業が社会的責任を考える際参考になるので，抜粋
して紹介しておきたい。
　「法と道徳の関係について，実定法と呼ばれる法規範と実定道徳と呼ばれる
道徳規範が重なりながらも個別に存在している。また，法と道徳と言われる場
合の道徳には個人道徳と社会道徳がありうる。実定道徳とは，実定法ほど明確

化されていないにせよ，社会に存在することが否定できない道徳規範のことである。道徳規範には，例えば，集団的な不買行動や道徳的に評判を落とした人に対して親切にしないといったような友好的な援助を差し控えるといった道徳的あるいは民衆的サンクションと呼ばれる，ある種の制裁が伴う[38]。」

38　児玉，前掲注15，P.236, 237, 247。

リスク社会における
リスク管理の強化

─ **第Ⅱ章のポイント** ──────────────────

　第Ⅱ章では，リスクに焦点を当てます。企業活動はリターンを得るためにリスクをテイクすることによって推進されます。

　社会が変化するとき新たなリスクも登場します。このような不確実性の高い社会における企業活動においては，いかにリスクを特定・評価し，適切に対応するかは，企業の持続的成長にとって不可欠な経営課題となります。

　本章では，リスクを経済，社会，法，倫理の観点から整理します。

　また，今日の企業の経営の中心に据えられている統合的リスク管理（ERM）について鳥瞰します。移行社会に伴う不確実性（エマージングリスク）に対して，情報・データの不足，経験の無さから，定量的アプローチを使うことはできません。シナリオ分析（ストレステスト）をいかに活用するかが重要になります。

　さらに，組織が未知のリスクにいかに的確に行動するか，ガバナンスの強化と企業文化の醸成が極めて重要となります。組織活動のあらゆる局面で新たなリスクに対する的確な意思決定・行動のための態勢を整えなければならないからです。本章では，このような企業のソフト面の管理についても考察します。

1　新たなリスク社会の進展

(1)　経済学におけるリスクの捉え方

　「リスク（Risk）」という言葉は，われわれの日常生活の中で頻繁に使われるようになってきているが，もともと，「勇気を持って試みる」という意味を持ったイタリア語のRisicareに由来しているという。つまり，リスクという言葉の中に，リスクを運命として受け入れるのではなく，われわれが勇気を持って選択しリスクをとる行動に結びつけて考える，ということを含意しているわけである。今日，リスクという言葉が多用されるということは，われわれは常に勇気をもって選択を迫られているとも考えられる。

　経済学では，経済主体が将来事象に対して合理的に期待を形成して意思決定を行うことを前提としていることから，生起確率が計測できる事象を「リスク」と呼び，確率がわからない「不確実性」と区別している。この両者の違いについて考えてみたい。個々の将来事象は変動性（ランダム性[1]）を持つが，これらの事象を集合的に扱う場合，確率といった予測可能性が生まれる。この特性を活用して変動性を管理し，対処しようとする考え方に立って発展してきたのが，リスク管理といえる。

　人は好都合な事象が偶然に起こったときに「幸運」と考え，不都合な事象が偶然に起こったときに「不幸」と考える。偶然事象の出現の可能性の大きさを数量的に表現したのが確率である。われわれは，その起こりやすさの程度には

1　「ランダム性」という用語は,ユダヤのタルムードの次の格言に由来するという。つまり「どこかに埋められた財宝を探しに行こうとしたって無駄なことである。なぜなら，埋められた財宝は偶然に見つかるものだからである。そして，自明なことだが，偶然に見つかるものを探すことは誰にもできはしない。」ということを意味している。

差があることを知っており，それを表現した確率の大きさを意思決定に利用している。そして人はできるだけ好都合な事象が起こる確率を大きくし，不都合な事象が起こる確率を小さくするように意思決定し行動しようとする。このような合理性の追求がリスク管理という実学を発展させてきた。

　将来を無数のシナリオの可能性の集団と捉えたとする。そのような確率空間の中のどのシナリオが，近未来に実際に現実のものとなるかは誰にもわからない。しかし，集合的に捉えたときの平均的シナリオや，ある確率で，起こりうる最悪の事態を想定することはできる。そして，仮にそのような事態が発生したとしても，それに対してあらかじめ対処しておく（例えば，経済的損失に対する資本を用意しておく）といった対応が可能となる。このように，将来の事象の可能性を集合的に捉え，期待値や期待値からの変動幅をあらかじめ想定して企業経営にあたることができれば，万一の事態が発生したとしても驚かないし，事業継続上の問題は生じない。いわゆる財務健全性の確保といった安心感の下で事業運営を積極的に展開できる。これがリスク管理を経営管理の中核に据えた理由である。

　フランク・ナイト[2]は，不確実な状況を3つに大別した。第一のタイプは，「先験的確率」で，例えば「2つのサイコロを同時に投げるとき，目の和が7になる確率」のように数学的確率で表され得る状況である。

　第二は，「統計的確率」であり，「ある時点における40歳日本人男性の平均寿命」のように，経験データから作られた確率[3]で表される状況である。第一と第二は，ともに，「測量可能な不確実性（Measurable uncertainty）」であり，

2　Knight, F.P., 1921, *Risk, Uncertainty and Profit*, Boston and New York, Houghton Mifflin Company, Part Chapter.1, 2.
3　特定の危険が将来発生するか否かは不確実である。このような不確実性を数値として表したものが，確率といえる。ある母集団の中で，ある特定事象が発生する確率は，過去のデータを使って次の計算式で，特定事象の起こった回数／母集団の総数で計算できる。そして，この試行回数を増やしていくと一定値に近づいていく法則がある。これを大数の法則と呼ぶ。

これを経済学では「リスク」と呼んでいる。リスクについては，グループ化（Consolidation）とその負担の特定化・専門化（Specialization）によって，不確実性を取り除くことができる，と説明する。

　これに対して，第三のタイプは，統計・確率論に基づき測定できない「測量不可能な不確実性（Unmeasurable uncertainty）」であり，これを，「真の不確実性」と呼んでいる。このタイプの不確実性に対して人は主観的な「推定」ないし「判断」に頼ることとなる。

　企業活動を継続する以上リスクをゼロにすることはできない。そこで実際の意思決定においては，許容すべきリスクの水準（閾値）がどこにあるかを明確にすることとなる。一般に以下の要素を判断基準としている。
① 起こり得る最悪の事態（ストレス事象）
　金融危機や巨大な自然災害の発生等による企業価値の破壊的な低下など
② 法律，商慣習，広く認められた倫理等に違反する行為
　違法行為，不正行為，契約不履行，風評被害など
③ 許容できる最大損失等（リスク許容限度）
　ロスカットルールの基準額，収益によって吸収可能か，自己資本によって吸収可能かなど
④ ある一定確率で生じる最大損失（最大可能損失）
　VaR[4]，EaR[5]などの枠組みで計測されたリスク量

　リスクをどのように捉えるか，既に説明したとおり様々に説明されている。リスクの概念をより一般化すれば，「将来に対して様々なシナリオが想定され，

4　Value at Risk（VaR）とは，資産・負債を一定期間保有した場合に，一定の確率で発生し得る変動を過去の一定の観測期間のデータに基づき統計的手法を使って推定するものである。
5　Earning at Risk（EaR）とは，ある事業体または事業単位における会計上の利益の変化に対してある分布を推定し，特定の期間における変動を測定するものである。

46

その結果も様々に変化する場合，その結果の大きさや発生頻度の不確実性の程度」を意味している。

　次にリスク管理の意味であるが，変動の結果として，何を価値とみなし，その価値に対してどのような目的から管理しようとするのかによって，様々なリスク管理が考えられることとなる。

　さて，科学の目的の1つは，自然を含め，われわれがかかわる事象の根本原理を解明し，そのための分析道具を提供することである。リスクという言葉は，本来中立的な言葉であるが，どのような文脈で使われるのかによって，ネガティブ，ポジティブな性格づけがされることとなる。

　リスク工学では，リスクを，「ある事象が生起する確率と，事象が生起したことによって生じる影響の大きさの積」と定義する。そして，実際のリスク分析においては，まず何らかの考慮すべき影響をもたらす事象e（エンドポイントと呼ばれる）を想定する。eが生起する確率をp，その影響の大きさをqによって表す。このような考え方を下地として，経済学における期待効用理論も成り立っている。

　われわれの身近な例に置き換えて，その意味を考えてみよう。よく引き合いに出される典型的な確率事象は，降雨に対するわれわれの対応であろう。将来雨が降るかどうかは不確実な事象である。天気予報でも正確に何時から何時までこの場所で，この程度の雨が降るといった情報をあらかじめ正確に予測し伝えることはできない。そこで，われわれは，外出するとき，傘を持っていくか持っていかないかは1つの選択問題となる。

　ここで，この選択にかかわるリスクについて考えてみる。例えば，雨が降ることによって予定していた事柄の一部ができないことから生じる損害を30とし，また雨に濡れることによって1/20の確率で風邪を引き，この場合自身が被る損害（風邪の治療代や予定のキャンセルなど）を200とする。一方，晴れている中で傘を常に持って歩くことによって自身が感じる不快感を損害と同様に評価して10，傘をどこかに置き忘れる確率が1/2で傘の損害を20とする。この

場合，降水確率がpだとすると，雨が降らずに晴れる確率が $1-p$ となる。ここで，傘を持っていくリスクは，傘を持って行ったにもかかわらず雨が降らず晴れた場合の損害の可能性について，確率 $(1-p)$ を使って次のように計算できる。

　つまり，$(1-p) \times 10 + (1-p) \times (1/2) \times 20 = 20 - 20p$

　一方，傘を持っていかないことのリスクについては，雨が降ったときの損害や風邪を引くことによる損害の可能性と考えられるので，確率(p)を使って評価できる。

　すなわち，$p \times 30 + p \times (1/20) \times 200 = 40p$

　両者が等しくなるのは，$20 - 20p = 40p \rightarrow 20 = 60p$。つまり，$p = 1/3$ と考えられる。

　したがって，この情報を踏まえて行動しようとするなら，降水確率が $1/3$ を超える場合には，傘を持って行かないほうがリスクは大きい。合理的に判断するなら，傘を持って行こうとするだろう。このように降雨という確率事象に対して，傘を持って行くか否かといった選択肢をリスク量で判断することができる。

　ただし，ここでこのような意思決定が合理性を得られる前提は，確率や損害が与えられている点に注意しなければならない。これらに不確実性が高くなると，このような工学的アプローチ自体が使えないこととなる。現実に，統計的に客観的な確率が得られないケースや損害などの評価において，価値観などの違いから評価方法の標準化が難しいケースなど，このような方式を自動的に当てはめることはできない。

⑵　社会学の考え方

　企業と社会との関係，そして企業の社会的責任やリスクについて取り扱おうとすると，リスクを社会学の視点から整理しておく必要があろう。次の2人の

社会学者の考え方を振り返っておきたい。

① ウルリッヒ・ベック

ベックは，リスクに囲まれた現代社会を「リスク社会」と命名した。これには，次の3つの特徴が提示されている。つまり，

- 地理的・場所的な境界がなく，グローバル化している点
- その原因や因果性を突き止めることが困難である点
- 民間企業の保険や国家による補償が困難な点

である。

ベックは，産業社会がもたらす負の側面（環境汚染や放射線被爆，遺伝子組換等）への対処をおろそかにした結果生じたリスクの存在に着目した[6]。

このリスクのことを，人間の行為とは関係なく降りかかる「自然的リスク（Natural risk）」に対する概念として，人間の手が加わった「人為的リスク（Manufactured risk）」[7]と呼んでいる。つまり，科学技術による便益向上の裏にはリスクがある，といった視点を強調した。そして現代は，原発事故や鳥インフルエンザなど，時代が進むにしたがって保険制度などによってカバーできないほどの大規模なリスクが次々にふえ，それらが時に連鎖し，リスクが波及する。これは，社会の「富の分配」とは異なる，「リスクの分配」として認識されるべき問題である，と警鐘を鳴らした。さらに，「現代的リスクは，環境汚染，薬害，コンピュータウイルスなど直接に知覚できないもの（「非知のリスク」）に向かっている」と指摘している。

---

6 ウルリッヒ・ベック『危険社会』（東廉，伊藤美登里訳，1998年，法政大学出版局）（原本は1986年刊行）。

7 ベックは，人類は，病気や老いなどの個人の力ではどうしようもない生物学的な問題や，自然災害をもたらす自然そのものに対して恐れ，不安を感じていた，とし，このような古典的なリスクをコントロールしようとして，人類は科学技術を進化させ，近代が誕生した，とする。そして，後期近代において，近代そのものが生み出した科学技術や社会制度が発生させるリスクが，人類を脅かすといった事態が発生した，とする。そして，それを再帰的近代と呼び，その再帰的近代がもたらした新しいリスクが充満した社会をリスク社会（Risk society）と呼んでいる。

　なお，この非知の概念は，その後さらに整理がなされ，確実な科学的知識になっているもの，科学的知識にはなっていないが，どの部分が非知であるかが明らかになっている「特定化される非知」と，その区別もできていない「特定化されていない非知」を区別することによって，科学的知識の限界や盲点を洗い出し，制度的対処の必要性を検討する際の効果的なコミュニケーションの視点を提供している。

②　ニクラス・ルーマン[8]

　ルーマンは，リスクを「危険」や「安全」に対比させるのではなく，社会システム自体の持つ生命システムとしての働き[9]に着目し，リスクはこの構造の隙間やきしみから偶発的な出来事によって付随して起こるものと考えた。そして近代社会は，自由で自立し主体的に意思決定できる個人を前提にした個人化の進行が，価値観の多様化と，同時に社会連帯の重要性を提起している。豊かな社会では生活の自由さや快適さを確保する欲求が高まり，これが侵されることに対す不安意識から安全・安心に敏感になる。

　ルーマンは，未来の損害の可能性について，自らが参画した「決定」の帰結とみなされる場合と，自分以外の誰かや何か（社会システムも含む）によって決められた結果，自分に降りかかってくる場合（自分自身のコントロールの及ばない原因に帰属される場合）とを区別する。ルーマンは，前者のケースを「リスク」と後者の場合を「危険（Gefahr）」と呼び区別した[10]。

8　ニクラス・ルーマン『講義録（1）システム理論入門』（ディレク・ベッカー編，土方透監訳，2007年，新泉社）。小松丈晃『リスク論のルーマン』（2003年，勁草書房）を参考にした。
9　ルーマンは，特に免疫的なシステムの謎を解くための概念として考えだされた生命システム（オートポイエーシス）に着目している。つまり，生命が「非自己」を活用しつつ自己組織化を遂げながら，それでもシステムとしての「自己」を環境の内外で保持している。そこには「自己を再生産するための自己準拠」や「自己による自己再帰」の仕組みがある。生命は自分自身についての「自己言及」をしながらもそこに生じる自己矛盾（コンフリクト）をたくみに超越する仕組みである。

　そして，伝統的なリスクは，自ら下した意思決定を通して利益獲得を目指すことと引き換えに，被る損害もまた自ら引き受けざるを得ないという関係になるが，例えば環境問題などのような新しいリスクの場合には，その将来的な健康被害の可能性に関して知らない（非知）ため，コミュニケーションが重要なテーマとなることを指摘する。

　福永真弓は，リスクという概念は複雑であり，定義の内容は，分野によって異なるとしたうえで，リスクを確率論で捉え，計測，予測可能なものとする経済学，保険数理，技術的なリスク解析分野の立場と対照的に，ベックやルーマンら社会学者によるリスク社会論や文化人類学者によるリスク文化論的アプローチを基礎とするリスク概念の特徴について次のとおり指摘する。確率で表現できないリスクの不確実性を念頭においている。また，実際に人びとの健康に害を及ぼす毒性など客観的な損害と，そのような損害が社会によって認知され，損害可能性をリスクだと理解されることのあいだの「ずれ」に着目し，認

10　例えば，建物が地震に弱い作りになっていることを知っていて引っ越すこともできたのにあえてそこにとどまり，ありうべき損害が自分の決定に帰属できる（自己帰属）なら，それは「リスク」である。他方，建物の倒壊によって被る様々な損害を，地震が起こったという「自然」の出来事に帰する（外部帰属）のなら，未来における建物の倒壊の可能性は「危険」ということになる。ルーマンは，このようにリスクと危険の概念を区別することによって，一義的には，能動的に自分の選択によって関わる場合の危険性（リスク）と，受動的に，みずからの自由意思や選択によらずに関わってしまわざるをえない場合（危険）を区別する。しかしながら，この概念を使うことにより，さらに深く，有効な観察（あるいはコミュニケーション）ことが可能になる点に重きを置いている。例えば，古い家屋が建ち並ぶ歩道を，屋根瓦が落ちてくる可能性を十分知りつつも，あえてジョギングをする場合，別の歩道を選択すれば怪我はしえないと思いつつも（その意味で怪我を自分自身の選択に帰属されうることを十分認識しつつも），その怪我の可能性を，当該家屋の家主による屋根瓦の管理不行届きに帰属させ，「危険」として観察する（あるいはコミュニケーションする）ことは充分ありうる。あるいは逆に，自分としては突然の「不運」（危険）のつもりでいても，その後のコミュニケーションの過程の中で，社会的に「それはあなたの選択のせいである」というかたちで，「リスク」として構成されるなどという事態も半ば日常茶飯事である。したがって，リスク/危険の区別は，単に能動的か/受動的かということではなく，（社会的な）観察の様式の相違である，と考えている（小松丈晃『リスク論のルーマン』（2003年，勁草書房）P.31〜34）。

知・受容から，社会文化的な文脈の中でリスクは構成されるものだと考える。この視点から見れば，リスクをめぐる争いとその問題の複雑さは，リスク知覚と理解，それらを可能にする文化的・社会的枠組みと文脈，認知されたリスクの価値づけがそれぞれ多様であることに起因する。事態が複雑化するのは，このようなリスク認知の差異が，諸個人・集団の社会経済的立ち位置の差異と相互連関しながら，再配分の政治に各人が参与する背景を形成するからだ[11]。」

(3)　法とリスク

　司法制度は，既に起きた事件の解決を主な任務とし，損害賠償を典型とする事後的救済を提供する。すなわち，日常的なリスクの発現に対して，人は主体的に民事責任制度を活用して損失の回復を図ることができる。この制度の背景には，事物の因果関係を理解することにより予見が可能であり，自由意思の適切な使用によって回避すべき損害を，自己の不注意のために引き起こしたならば，その責任は損害をつくりだした当人に帰せられる，という考えにある。

　リスクとの関連で考えてみたい。例えば，労災事故のように使用者や労働者等の個人の注意深さによって左右されるものというよりも，工場経営そのものに一定の確率をもって内在するリスクとして捉えたとする。工場運営のような危険を伴う事業を行う経営者は，事業に伴うリスクと事業収益をバランスさせたうえで事業を行っているものと考えられる。それであれば，専門的知識と資金を動員し，そうしたリスクが現実のものとなることを未然に防止する責任がある。そして，万が一そうしたリスクが現実のものとなった場合には，たとえ経営者には何の過失もなかったとしても，一定のリスクを内包する事業から利益を得ていることの責任を引き受け，その損害を賠償する義務を負うはずであると考える。これが，「無過失損害賠償責任[12]」という責任の捉え方といえる。

11　福永真弓「リスク社会における環境倫理学」P.20，吉永明弘・福永真弓編著『未来の環境倫理学』（2018年，勁草書房），第1章。

52

　また，損害発生の因果関係ないしは損害発生の確率やその期待値たるリスク
が明らかとなり，一定の予見可能性が存在する場合には，立法や行政を通じて，
未然防止（Prevention）のための行政的規制を導入することが考えられる。憲
法上の人格権を根拠にした差止請求による事前介入が認められている。例えば，
環境法，食品衛生法，薬事法などの行政法的な規制である。

　新たなリスクに直面するとき，従来の行政的コントロールは多くの場合，機
能不全に陥ってしまう。不十分な情報にもとづく規制が，新たなリスクを生み
出す恐れもあるからである。このような場合には，たとえ原因と被害の間に科
学的証明が明確な形でなくても，深刻かつ不可避的なリスクがある場合には，
リスク管理の一環として事前に予防＝事前配慮（Precaution）的な措置がとら
れることとなる。例えば，酸性雨による森林破壊やチェルノブイリ原発事故と
いった深刻な被害に対して事前に予防措置を実施する必要がある。1987年の
「北海の保護に関する宣言」などの国際文書や，1992年の「気候変動条約」，
「生物多様性条約」，2000年「バイオセイフティに関するカルタナ議定書」と
いった国際条約がある。

(4)　リスクと倫理の関係

　人々は潜在的利益のためにリスクを取る。すべての当事者がリスクを取るこ
とについて十分に理解し，任意に同意している限りにおいては，リスクを取る
こと自体，倫理的に問題とするところではない。倫理問題が生じるのは，人々
がリスクについて十分に理解しておらず，選択肢も限られているために，各人
のリスク選好に見合って適切にリスクを取ったり回避したりする機会が与えら
れていないケースである。

12　このような考え方に基づいたわが国の法律として，鉱業法，労働者災害補償法，大気汚
　染防止法，水質汚濁防止法，自動車損害賠償保障法，製造物責任法，原子力損害賠償法な
　どがある。

　われわれが経験したグローバルな金融危機は今日リスク管理の様々な領域で教訓を与えている。その原因を作ったサブプライムローン取引について振り返ってみよう。サブプライムローン取引では，ローンの原債権者は素早くそのローンを処分し，それを不動産担保証券としてパッケージ化して他者に押し付けるといったことが起こった。このような形で，最終的に債務不履行の代償を負う可能性のなくなった貸し手は，自分に降りかかってくるリスクの多寡を慎重に判断するより，むしろ借り手を効率的に見つけだし，ローンを組み利益を得た後，証券化してそのリスクから逃れる形で，勧誘すればするほど利益が増えることとなるため，極端な話，リスクを無視して勧誘に重点を置くようになっていく。このような状況は，取引当事者間で，リスクを取ることについて十分に理解し，任意に同意している状況とは程遠いこととなる。そこで，金融危機が経済や金融システムに与えた多大な影響やその対応のために巨額の税金が投入された事実を考えると，このような取引自体に倫理的問題はなかったのかといった議論へと発展する。

　また，経済活動にはリスクが伴う。そして挑戦の結果の報酬は一般に容認されている。しかし，どのレベルまで容認されるべきかについては，議論がある。つまり，経済活動に伴う成功がもたらす報酬を受け取る権利と，その受け取る額の水準の妥当性について，強欲と考えられるか否かという議論がしばしば起こる。

　金融危機に際して報酬に関する倫理問題が生じた。これは，特殊な状況の下で起こった問題であること，アメリカで起こった問題であることに配慮しなければならないが，リスクと報酬と倫理の問題を考える際に参考になる。

　金融危機は，不動産価格の上昇とサブプライムローンを中心とする金融バブルがはじけ，金融商品価格の連鎖的暴落により，巨大金融機関の破綻，年金勘定の価値の低下により，2008年に米国の家計は，11兆ドルもの資産を失ったといわれている。これは，日本のGDPに匹敵する規模である。2008年ブッシュ大統領（当時）は，金融システムの崩壊を回避するため，大手の金融機関や保

険会社を救済するため7,000億ドルの支出を議会に求めた。無謀な儲けが危機を招いたにもかかわらず納税者にツケを払わせるのは不正であるとの議論が起こったが，議会は，経済全体の安寧を優先せざるをえなかったため承認した。こうした救済資金の支払が始まってまもなく，サブプライムローンに関連する金融商品に大きく関与していた保険会社AIGの幹部の数百万ドルのボーナスをめぐって起こった。巨額の政府資金（合計で1,730億ドル）の注入が行われたにもかかわらず，危機を招いた部門の幹部たちにもボーナスを支払うというニュースに猛烈な批判が沸き起こり，下院では，多額の救済資金を受け取った企業のボーナスに90%の税をかける懲罰的法案が可決した。20人の幹部のうち15人が返却に同意したため，上院での法案への支持は低下した。この事件をきっかけに，強欲は，過剰な欲望であり，悪徳であるという議論と，市場主導の社会における利己心と成功がもたらす報酬を手にする権利と，強欲の境目は曖昧といえる。オバマ大統領は，救済資金を受けた企業の幹部への報酬制限を発表する。そして国民の怒りの源泉は，失敗した経営者が報酬を得ていること，その報酬を納税者がまかなっていることを挙げて説明している[13]。

⑸ 現代社会の特徴とリスクの変化

　世界経済フォーラム（the World Economic Forum：WEF）が毎年発表するトップリスクの10年間の変遷を振り返ってみた。それぞれの時代に識者が想定するトップリスクが挙げられている。しかしその顔ぶれは10年という期間でみると相当変化していることが確認できる。まさにリスクの変質，新たなリスクの登場を認識せざるを得ない。

　今日の企業を取り巻く経営環境は，ますます複雑で不透明性が高くなっている。地球レベルで人類と自然との関係の見直し，新たな技術革新が創り出す経

13　マイケル・サンデル『これからの「正義」の話をしよう―いまを生き延びるための哲学』（鬼澤忍訳，2011年，ハヤカワ文庫）P.27～37に詳しい。

図表Ⅱ-1 世界経済フォーラムが提示したグローバル・トップリスク

世界経済フォーラムの「グローバルリスクレポート」2020年度版によるトップリスクの分布

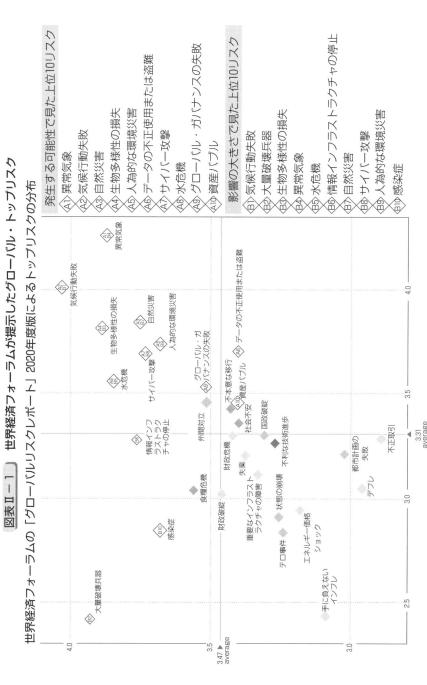

発生する可能性で見た上位10リスク

- A1 異常気象
- A2 気候行動失敗
- A3 自然災害
- A4 生物多様性の損失
- A5 人為的な環境災害
- A6 データの不正使用または盗難
- A7 サイバー攻撃
- A8 水危機
- A9 グローバル・ガバナンスの失敗
- A10 資産バブル

影響の大きさで見た上位10リスク

- B1 気候行動失敗
- B2 大量破壊兵器
- B3 生物多様性の損失
- B4 異常気象
- B5 水危機
- B6 情報インフラストラクチャの停止
- B7 自然災害
- B8 サイバー攻撃
- B9 人為的な環境災害
- B10 感染症

注：上掲のリスクマップは、世界経済フォーラムがビジネスリーダー、学者、政府関係者、市民団体代表など約1000名を対象に実施したアンケート調査（5段階評価）に基づいている。

（出典：WEF Global Risks Perception Survey 2019-2020を基に筆者作成）

図表Ⅱ-2　トップリスクは時間とともに変遷

上位5リスク：発生する可能性順

	2007	2008	2009	2010	2011	2012	2013
1	インフラストラクチャの内訳	資産価格の暴落	資産価格の暴落	資産価格の暴落	ハリケーンとサイクロン	深刻な所得格差	深刻な所得格差
2	慢性疾患	中東情勢不安	中国経済の減速（6％以下）	中国経済の減速（6％以下）	洪水	慢性的な財政の不均衡	慢性的な財政の不均衡
3	原油・天然ガス価格の急騰	失敗国家	慢性疾患	慢性疾患	政治腐敗	温室効果ガスの排出増加	温室効果ガスの排出増加
4	中国ハードランディング	原油・天然ガス価格の急騰	国際的なガバナンス・ギャップ	財政危機	生物多様性の減少	サイバー攻撃	水危機
5	資産価格の暴落	先進国における慢性疾患	新興国におけるグローバル化の後退	国際的なガバナンス・ギャップ	気候変動	水危機	高齢化への誤った対応

上位5リスク：影響の大きさ順

	2007	2008	2009	2010	2011	2012	2013
1	資産価格の暴落	資産価格の暴落	資産価格の暴落	資産価格の暴落	財政危機	金融システムの破綻	金融システムの破綻
2	自由化	先進国におけるグローバル化の後退	先進国におけるグローバル化の後退	先進国におけるグローバル化の後退	気候変動	水資源供給の危機	水資源供給の危機
3	国家間戦争と内戦	中国経済の減速（6％以下）	原油・天然ガス価格の急騰	原油価格の急騰	地政学的な対立	食糧危機	慢性的な財政の不均衡
4	感染症の世界的な流行	原油・天然ガス価格の急騰	慢性疾患	慢性疾患	資産価格の暴落	慢性的な財政の不均衡	大量破壊兵器の拡散
5	原油・天然ガス価格の急騰	感染症の世界的な流行	財政危機	財政危機	エネルギー価格の急激な変動	エネルギー・農作物価格の急変	気候変動に対する緩和策・適応策の失敗

注：新たなリスク要因の出現やリスク間の関連性の変化によりグローバル・リスクの定義は常に更新され
（出典：WEF 2007-2020, Global Risks Reportより）

■ 経済　■ 環境　■ 地政学　■ 社会　■テクノロジー

2014	2015	2016	2017	2018	2019	2020
所得格差	地域情勢に悪影響を与える国家間対立	大規模な非自発的移住	異常気象	異常気象	異常気象	異常気象
異常気象	異常気象	異常気象	大規模な非自発的移住	自然災害	気候行動失敗	気候行動失敗
失業と不完全雇用	国家統治の失敗	気候変動に対する緩和策・適応策の失敗	大規模な自然災害	サイバー攻撃	自然災害	自然災害
気候変動	国家の危機または崩壊	地域情勢に悪影響を与える国家間対立	大規模なテロ攻撃	データの偽装・盗難	データの偽装・盗難	生物多様性の損失
サイバー攻撃	構造的失業または不完全雇用の増加	大規模な自然災害	データの大規模な偽装または盗難	気候変動に対する緩和策・適応策の失敗	サイバー攻撃	人為的な環境災害

2014	2015	2016	2017	2018	2019	2020
財政危機	水資源危機	気候変動に対する緩和策・適応策の失敗	大量破壊兵器の拡散	大量破壊兵器の拡散	大量破壊兵器の拡散	気候行動失敗
気候変動	伝染病の急速かつ大規模な流行	大量破壊兵器の拡散	異常気象	異常気象	気候行動失敗	大量破壊兵器
水資源危機	大量破壊兵器の拡散	水資源危機	水資源危機	自然災害	異常気象	生物多様性の損失
失業と不完全雇用	地域情勢に悪影響を与える国家間対立	大規模な非自発的移住	大規模な自然災害	気候変動に対する緩和策・適応策の失敗	水危機	異常気象
重要な情報インフラの機能停止	気候変動に対する緩和策・適応策の失敗	深刻なエネルギー価格ショック	気候変動に対する緩和策・適応策の失敗	水資源危機	自然災害	水危機

ているため，時系列で厳密な比較は困難である。

58

済活動の進化が起こっている。このような社会の激変の中で企業の存在意義・役割も変化している。企業価値創造といった企業活動の本質と社会における課題解決との関係，社会の価値観と企業内の意識との整合が崩れたときに登場するソーシャルリスクについても強く認識されるようになってきた。このようにこれまでの企業経営では十分考慮されなかった領域への対処が問われている。

　東日本大震災が発生したとき，「想定外」といった言葉がマスコミを騒がせ，想定外の事態を招いたリスク管理の失敗に批判が向けられた。その後10年の歳月が流れた。社会は今，パラダイムシフトのただ中にある。移行社会を特徴づける変革要素が明らかになってくるにつれ，企業経営における価値観の転換や経営管理の革新に大きな関心が向けられようとしている。

2　不確実性の拡大とリスク管理強化の必要性

(1)　規範的なリスク管理と現実の課題

　企業は投資家から資本・資金提供を受け，価値を創造し，その成果を還元する。企業の活動成果は財務諸表として報告される。投資家は，財務諸表の数値から数々の指標を使って分析し，企業の将来の価値創造力を評価し投資判断を下す。株主が重視する代表的な指標としてROE（Return on Equity; 株主資本利益率）がある。これは，企業価値向上の状況を，収益性，効率性，安全性の観点から分解して可視化できるメリットがある。

　ただ，投資家の主たる関心は過去の実績数値ではなく，将来の価値創造力である。したがって，企業が将来の価値を向上するためにどのようなリスクを取ってどのような戦略を立ててそれを実現しようとしているのか，経営はどのような予測目標を目指し，その目標数値の前提になっている事業計画にはどのような変動の可能性があるのか，に大きな関心を注いでいる。つまり，将来の予測数値の実現可能性と変動の程度とその管理状況について知りたいと思って

いる。この要請が，経済価値ベースの投資価値を反映した会計基準[14]の要請につながっている。

　企業の将来の価値創造力は予測数値で示されるため，期待値に対し変動の可能性（リスク）を想定しておく必要がある。リスクに対しいかに合理的に対処するのかを研究するのが，学問としてのリスク管理論である。企業のリスク管理は，現在の価値が将来どのように変化・変動する可能性（リスク）があるのかを定量的に評価することにより，組織構成員にリスクを可視化し，共通尺度で管理できるようにしたことから大きく発展した。つまり，リスク量を経営管理の対象に据えることに成功したことによって，売上，利益，自己資本などこれまで重視してきた財務指標と同列に組み入れて管理することを可能にした。リスク対比の指標を使って，リスクを既存の財務体系の中で管理することに成功したわけである。事業の抱えるリスクが自己資本の範囲内に収まっていることを確認する健全性管理や，事業の生み出すリターンとリスクを対比させた資本効率の管理を可能にした。

　さらに，企業のテイクしたいリスクの選好を明らかにし，目指す理想的なリスクポートフォリオに向かってあらかじめ資本（リスクを取るための原資）を配賦するフォワードルッキングな管理を可能にした。このような経営管理体系のことを「統合的リスク管理（Enterprise Risk Management: ERM）」と呼んでいる。

　ドラッカーは，「経済的な活動は，現在の資源を不確かな未来に投入すること[15]」であると述べている。必然的に，企業は不確実性を管理しなければならない。その意味で，ERMは，いかにリターンの源泉としてのリスクをテイクし，企業価値を持続的に高めていくか，すなわち，戦略とリスクの統合管理が不可欠な機能となった。

14　国際会計基準（International Financial Reporting Standards: IFRS）の動きなど。
15　P.F. ドラッカー『エッセンシャル版　マネジメント　基本と原則』（上田惇生編訳，2001年，ダイヤモンド社），P.174〜176。

　ここで，不確実な事象に対する科学者とリスクマネージャーのアプローチの違いについて整理しておきたい。

　科学は，個別から普遍を導く帰納法に基づいている。多くの個別的事例を観察して，それらに共通する普遍的パターンを発見することによって，法則を導出してきた。環境に適応できない生物が自然淘汰されるのと同じように，古い科学理論も観測や実験データによって排除されていくわけである（科学理論のバージョンアップ）。そして科学者は，科学的手法を使って無知の問題を解決しようとする。科学的手法を支えるのは論理的で観察と再現が可能な証拠であり，科学者は証拠が動かしようのないものであることがはっきりするまで判断を下さない。

　ダン・ボルゲは，科学者とリスクマネージャーの不確実性に対するアプローチの違いを描写している。参考になるので，要約して紹介しておきたい。

　「科学者が，この世の不確かさの大部分は無知のせいなのだから，真理を発見することによって不確実性を減じることができると考える。これに対して，リスクマネージャーは不確かさに対して，将来は不透明かもしれないが，予測できないわけではないし，自分の力でよい結果が起きる確率を高め，悪い結果が起きる確率を低くすることができるという実用主義的な態度をとる。確率がわからないことを理由に何もしないことに決めたとしても，それはそれで一つの意思決定であり，やはり何らかの結果が生じる[16]。」

(2)　統合的リスク管理の概要

　現在のリスク管理体系を簡単に振り返ってみたい。リスク管理プロセスは，**図表Ⅱ－3**に示すとおり，ⅰ）計画（Planning: P），ⅱ）遂行（Do: D），ⅲ）監視（Check: C），ⅳ）是正措置（Action: A）という一連の行為の循環的連鎖として進められる。具体的なプロセスの特徴を整理すると次のとおりである

16　ダン・ボルゲ『リスク管理』（椿正晴訳，2005年，主婦の友社），P.12，13，29，31。

（図表Ⅱ－3　参照）。

- ●第1段階（リスクの確認・特定）：事業ポートフォリオに重要な影響を及ぼす可能性のあるリスク事象を洗い出し，それを例えば一覧表（これを「リスクレジスター」と呼ぶ）にして特定する作業が行われる。
- ●第2段階（リスクの評価）：定量的手法でリスク量を計測したり，定量化できないリスクは，ストレスシナリオを想定してその影響度合いを定性的に評価する。
- ●第3段階（リスク処理）：複数の処理手段の長短や，その組み合わせを検討し，最適な処理策を決定することとなる。
- ●第4段階（効果検証）：検証の結果，課題が明らかとなると改善。このプロセスを回し続けることによって，リスクの対応力を持続的に高めていく。

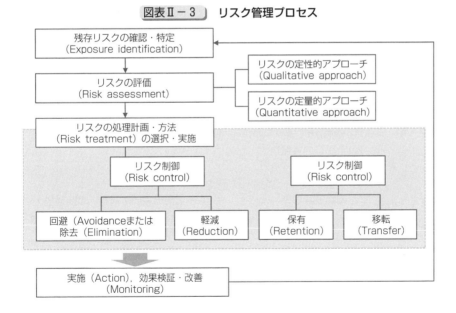

図表Ⅱ－3　リスク管理プロセス

リスク管理は企業の経営管理の発展とともに進化を遂げた。企業が直面するリスクへの適切な管理がない限り，健全な企業活動は営めないからである。変

62

化する社会，社会からの期待の中で，企業は経営を変革し，リスク管理体制・技術を革新させてきた。1930年代から，2000年代への統合的リスク管理（ERM）の変遷（**図表Ⅱ－4**参照）を通じて，今日のERMの基礎が形成されている。

図表Ⅱ－4 ビジネス・リスクマネジメントの変遷〔概要〕

	主な環境とリスク事項	企業のRM
1930年代	・大恐慌 ・純粋リスク	・保険管理型RM
1950～60年代	・企業活動の拡大化 ・海外進出 ・損失の巨額化 ・投機的リスクの認識	・保険管理型RMの問題が出始める
1970～80年代	・海外での競争の進展 ・企業の社会的責任重視 ・賠償事故の発生 ・投機的リスクの増大 ・保険引受制限	・ロス・コントロール重視 ・保険管理型RMの限界増大 ・経営戦略型RMの重要性増大
1990年代	・規制緩和 ・海外での競争の一般化 ・企業の社会的責任増大 ・賠償事故の増大 ・投機的リスク（特に金融リスク）の多発化	・ロス・コントロール，保険管理型RM，経営戦略型RM及び危機管理型RMのトータル的管理重要
2000年代	・規制管理の進展 ・社会的責任，環境への配慮の必要性増大 ・企業不祥事の多発化	・企業の不正による無形資産価値の損失に対応するRM ・企業統治と情報開示の要求増大 ・統合的RM，企業価値増大に貢献するRM

（出典：上田和勇『企業価値創造型リスクマネジメント』第二版，2005年，白桃書房，P.9）

リスク管理をリスクへのアプローチ方法や管理手法から分類すると，大きく2つの流れとして整理できる。それは，リスクに対してわれわれがどの程度まで解明できているかによって区分される。つまり，計量化できるリスクとそれが困難なリスクに分かれ，それぞれ定量・定性のアプローチ方法がとられる。

定量的アプローチが可能なリスクは，これまで企業内で知見が蓄積されている
リスクといえる。しかし，定性的アプローチをとっているリスクは，十分知見
が蓄積されていないリスクである。移行社会においては，この種のリスクが
次々に登場してくることを覚悟しなければならない。

✓　定量的アプローチ（測定主導型アプローチ，とも呼ぶ）：組織が直面する
　　主要なリスクを計量化し，管理しようとするアプローチである。保有するリ
　　スク量がリスク負担能力を超えないよう定期的にモニタリングする。通常，
　　組織内の各部門に内部管理上の仮想的な資本（リスク資本）を配賦する。各
　　部門はこの配賦された資本を上回らないようにリスクを管理する。

✓　定性的アプローチ（プロセス統制型アプローチ，とも呼ぶ）：通常シナリ
　　オ分析によってそのインパクトを確認し，許容できる事態に収まるよう，事
　　業執行に関連する主要ビジネスプロセスをコントロールする。プロセスを横
　　断的に管理し，予想外の事象が発生した場合においても，適切に統制できる
　　ようにする仕組を構築する。

　金融・保険業のビジネスモデルは，顧客の保有するリスクを積極的にテイク
し，それを管理することによって利益を獲得することである。このように多様
なリスクを管理することから，リスクを計測・評価するために各種の評価モデ
ルが作られてきた。一般に利用されているモデルを整理すると**図表Ⅱ－5**のと
おりである。

　今日，ERMは中期経営戦略を立て，年次事業計画を策定する過程で，その
中核的役割の一端を担っている。例えば，経営環境を分析し，自社の保有する
リスクを特定し，その財務への影響を分析する。そして，企業価値への影響を
客観的に認識するために過去のデータに基づき確率分布を導出し，組織内にリ
スクの可視化と管理のための尺度を提供する。このように，リスクを目に見え
ない不安要素とするのではなく，どの程度のリスクを取り，企業価値創造に関
連づけるかを体系化して管理している（**図表Ⅱ－6**参照）。

　このようにリスクが定量化されると，目指す企業価値を達成するための理想

64

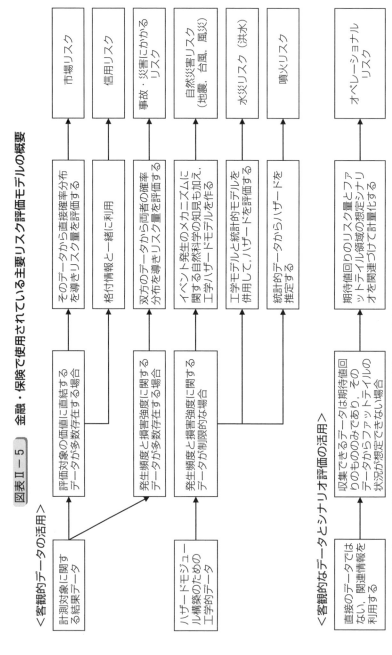

図表Ⅱ－5　金融・保険で使用されている主要リスク評価モデルの概要

＜客観的データの活用＞

| 計測対象に関する結果データ |
| ハザードモデル構築のための工学的データ |

評価対象の価値に直結するデータが多数存在する場合

発生頻度と損害強度に関するデータが多数存在する場合

発生頻度と損害強度に関するデータが制限的な場合

そのデータから直接確率分布を導きリスク量を評価する → 市場リスク

格付情報と一緒に利用 → 信用リスク

双方のデータから両者の確率分布を導きリスク量を評価する → 事故・災害にかかるリスク

イベント発生のメカニズムに関する自然科学の知見も加え、工学ハザードモデルを作る → 自然災害リスク（地震、台風、風災）

工学モデルと統計的モデルを併用して、ハザードを評価する → 水災リスク（洪水）

統計的データからハザードを推定する → 噴火リスク

＜客観的なデータとシナリオ評価の活用＞

直接のデータではない、関連情報を利用する

収集できるデータは期待値回りのものみであり、そのデータからファットテイルの状況が想定できない場合

期待値回りのリスク量とファットテイル領域の想定シナリオを関連づけて計量化する → オペレーショナルリスク

（出典：後藤茂之『ERMは進化する』、2019年、中央経済社．P.14より）

的なリスクポートフォリオの構成を計画化できる。そして，どのようなリスクをどの程度取ることによって，財務の健全性と，資本効率を意識したポートフォリオを構築できるかが分析可能となる。このような理想のポートフォリオに向けて，中期的に資本を配賦していく統制が可能となる（**図表Ⅱ－7**参照）。

　ERMを経営管理の中核に据え，グループ内の事業価値をモニタリングし，戦略の遂行とリスク管理を統合的に管理するイメージは，**図表Ⅱ－8**のとおりである。

⑶　不確実性へのアプローチ

　企業を取り巻くすべてのリスクについて，その本質を把握し，データでその確率分布を導出できていれば，リスクを定量化したERM経営が可能となる。しかしながら，現実は，定量化できない不確実性が存在する。さらに，今後の社会・経済・技術などの変化により，まだ経験していない不確実性が登場する。

　ここでは，定量化されたリスクの管理を規範的な枠組みと呼んでおく。リスクの定量化には，大量のデータに基づく分析が必要であり，そのリスク量が経営や業務の感覚と合致するかを検証するという地道な経験知の積み上げが，経営管理の実効性につながることを忘れてはなるまい。そして，現実には定量化できない未成熟な事象（未知リスクあるいは不確実性）も多く，経済学が想定する合理的な意思決定理論（期待効用理論）は適用できない。意思決定に必要な情報（ステートと確率）が明らかになっておらず，必要情報が不足する状況の下では，「リスク評価の限界」「環境変化に伴うリスクの変質と新たなリスクの登場」「意思決定のバイアスによる判断上のリスクの介在」といった要因によって規範的な枠組みどおりに対応できない。現実のリスク管理と規範的な枠組みを対比してみると，**図表Ⅱ－9**のとおりとなる。

　われわれは，不確実性から想定される因果の連鎖を結びつけて，その経済的影響を理解しようとしてきた。これが，シナリオ分析といわれる手法である。そして，企業価値や保有資産価値などへの影響の大きさを推定することによっ

外部環境の変化,

リスク定量化のプロセス

マクロ環境分析

セクター／インダストリー分析

事業リスク分析

マクロ環境

法制度変更リスク	物価高騰リスク
政治リスク	・・・

自社ビジネス

売上高

費用

資産効率

将来価値

・・・

セクター／インダストリー環境

市場（顧客）の変化

市場（調達）の変化

市場（労働）の変化

競合他社の変化

・・・

リスクの財務への影響を分析

- 自社ビジネスに影響を与える外部環境要因（マクロ環境，セクター／インダストリー環境）を識別する

- 識別された外部環境要因及び内部要因が，自社ビジネス（主要な指標（KPI））にどのような影響を与えるかを分析する

事業リスクの分析，リスクの定量化

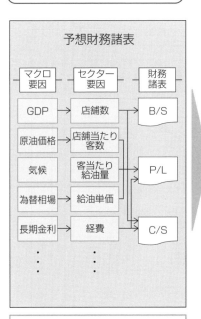

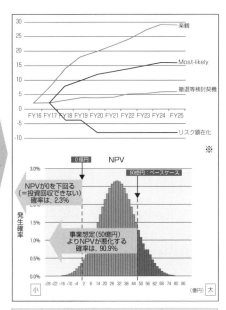

- 外部環境要因及び内部要因により，将来の自社ビジネスがどの程度影響をうけるかを明らかにするために，財務モデルを構築する

- リスクが将来の自社の経済価値にどのような影響を及ぼすか，さまざまなシナリオを想定することにより，確率分布の形で表示する

※
ベース・ケース	
NPV	50億円
Most-likelyシナリオ	
試行回数（モンテカルロ）	1000回
NPV（平均値）	30億円
標準偏差	15億円
95%信頼区間（最小）	2億円
50億円を下回る確率	90.9%
0億円を下回る確率	2.3%

68

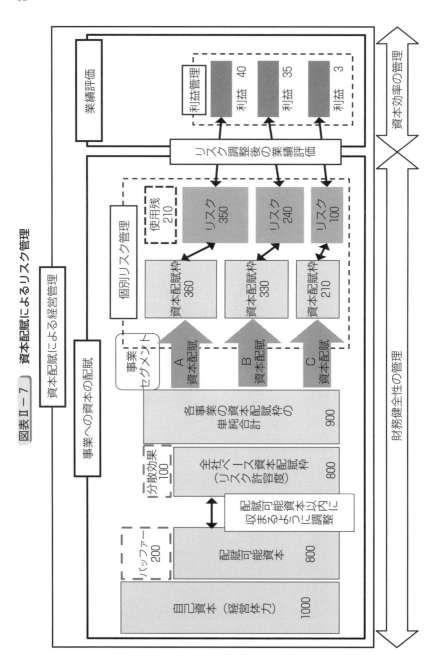

図表Ⅱ－7　資本配賦によるリスク管理

図表Ⅱ－8　企業価値のモニタリング

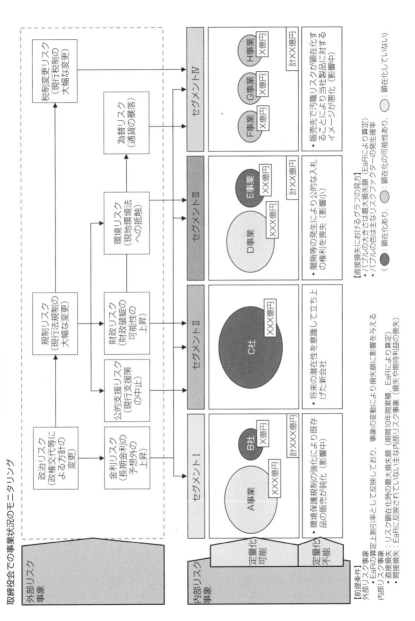

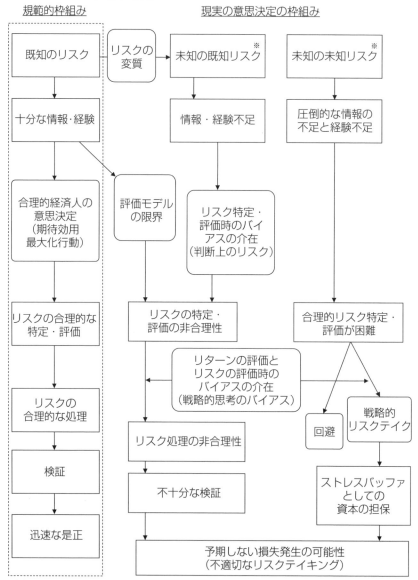

図表Ⅱ－9　リスク管理の規範的枠組みと現実

※未知の既知リスクとは，その存在は承知しているが，そのプロファイルを十分理解していないリスク。未知の未知リスクとは，その存在すら承知していないリスクを意味する。

て，企業へのインパクトを理解しようとしてきた（定性的アプローチ）。

　その後，情報収集と分析が進むにつれ，目的変数としてのリスクの大きさと説明変数との間の関係を統計的手法で明らかにする努力を重ね，リスク評価モデルを作り，リスク量が計測可能となる。このように不確実性をリスク化するまでの過程は容易ではない。

　ここで，リスク処理の代表的手段である保険においていかに安定的に価格づけ（リスク評価と言いかえてもよい）を精緻化していくのかを考えてみたい。

　保険は，保険契約者が遭遇する偶然な保険事故から生ずる経済的損失といった変動性を，保険料の支払という確定費用に変える[17]こと，すなわち，不確実性を除外するリスク処理手段である。ただ，保険が機能するためには，保険の技術的基礎である大数の法則[18]を働かせなければならない。そのため，保険会社は次の条件を満たす保険契約群（危険集団）を形成し，安定的に危険を集団として管理することに腐心してきた。この保険化のプロセスのように，新たな不確実性を管理可能な枠組みの中で対処可能な状況にすることを「リスク化」と本書では呼んでおく。

【大数の法則を成立させる条件】
- 危険の同質性（保険事故が同じ種類のものであること）
- 危険の同一等級性（保険事故が同じ危険等級に属していること）
- 危険の等価性（保険金額が等しいこと）
- 危険の独立性（多くの保険契約について，同一事故で同時に保険金支払責任が生じることにならないように，危険＝保険の対象が分散していること）
- 危険の大量性（保険会社の契約件数が大量であること）

17　保険契約者にとって，事故災厄から生じる損失は，大きな不確実性といえる。それらの危険を集合的に管理し，合計保険料というファンドで，契約者の将来の保険金を適切に賄うというリスクの管理の仕組みが保険である。

18　大数の法則とは，コイン投げを数多く繰り返すことによって表の出る回数が1／2に近づくなど，数多くの試行を重ねることにより事象の出現回数が理論上の値に近づく定理のことをいう。

　しかし，このプロセスは容易ではなく，保険会社の歴史は，不確実性を実務的にリスク管理可能な状況に変えていくための苦難の歴史である[19]。保険は，イベント単位でみた事故発生頻度と損害強度のランダム性をプールにすることによって，確率分布という法則性あるものに変える仕組みである（**図表Ⅱ－10**参照）。しかし，その運営を困難にする理由の１つとして，この危険は，時間とともに社会は変化し，このランダム性と確率分布そのものは変化することである。第二に，仮に確率分布が安定的であったとしても，現実の期間収益と，統計的に平滑された期間収益との間にはギャップがある。実務的に平滑化可能な時間軸を模索しなければならない点である。

　今日，企業経営において戦略とリスクの統合管理は，経営管理の中心に位置づけられている。しかし，既に「不適切なリスクテイク」について触れたように，「リスク」と「不確実性」を峻別し，リスク化に至っていない不確実性は，多くの不確定要素を孕むため，リスクとは区別して管理する必要がある。

　不確実性に直面したときわれわれは過去の直接的なデータや経験知を活用することはできない。そこで通常，少ないながらも過去の類似のケースをよりどころとすることが多い[20]。または，類似事例はなくとも，この種の状況に直面した経験豊富な人物の洞察力に頼り，想像力を働かせ，一定のシナリオを想定した上でそのインパクトを把握し，対応策を検討しようとする。しかし，そこから得られる情報が直面している不確実性に適合している保証はない。

19　保険管理の黎明期の苦悩について描いた小島直記の『東京海上ロンドン支店』が鮮明に伝えている。

20　ギルボアとシュマイドラー（2005）は，確率空間が描けない状況に対する意思決定を「事例ベース意思決定理論（A Theory of Case—Based Decisions: CBDT）」としてモデル化した。彼らは，ステイト（確率事象）もオッズ（発生頻度）も明確でない状況を仕組みの見えない不確実性という意味で，「構造的不確実性（Structural ignorance）」と呼んだ。そして「類似性を利用する」あるいは「真似る」という手段を使った意思決定を，彼らは数学的に定式化した（イツァーク・ギルボア，デビッド・シュマイドラー『決め方の科学—事例ベース意思決定理論—』（浅野貴央，尾山大輔，松井彰彦訳，2005年，頸草書房））。

図表Ⅱ－10　確率分布導出プロセスと純保険料の設定

例えば，事故・災害のデータの傾向を確率分布で表現する

　　ある個人100名の集団があり，直近１年間において，特定の危険（事故・災害）によって，97名には損失がなかったが，個人A，B，Cに損失が発生した。その損失額は図表aのようなものであったとする。より多くの集団のデータを収集しヒストグラムを作ったところ，図表bのような分布に近似したとする。このような状況が観察されたとするなら，当該危険の特徴は，近似された確率分布が示す傾向を持つと考えられる。

　　保険事業の場合は，分布の期待値（図表bの"e"）に相当する保険料（純保険料：支払保険金充当部分）を徴収しプールすると当該集団の将来の保険金支払いファンドを確保することができる。（大数の法則）

図表a：過去1年間の損失発生状況

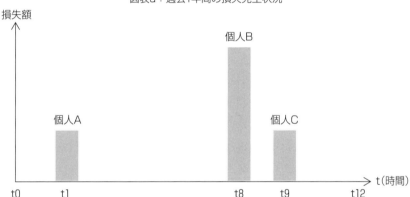

図表b：多数の集団による多年度のデータに基づく1年間の累積損失の確率分布

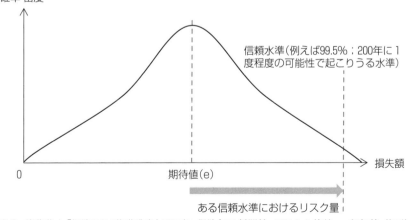

（出典：後藤茂之『保険ERM基礎講座』2017年，保険毎日新聞社，P.84から抜粋，一部加筆・修正）

⑷　ストレステスト

　変化が大きく，不確実性が高まっている社会では，過去の事象やデータを後追いするだけでは十分なリスク管理はできない。現時点の知見を集大成したモデルを使ってリスク評価したとしても過失のデータには反映されていない新たな想定外を意識しなければならない。このような局面でストレステスト[21]がよく使われる。考えうるダイナミックなストレスシナリオを作成することによって，そのシナリオから生じる影響を分析することは多くの気づきを与えてくれるからである。そのため，企業は自社のポートフォリオのウィークスポットをつくシナリオを作成しようとする。

　サブプライムローンをきっかけにした金融危機のように，個別の金融機関の支払不能や特定の市場または決済システムの機能不全が他の金融機関，他の市場に波及していくリスク（システミックリスク）の典型例といえる。金融危機を経験した以降，リスク評価モデルで計測し得ないリスクについて，それを捕捉し財務の健全性を確保する手法として，金融・保険業はストレステストを充実させてきた。今日使用されているストレステストの手法を整理すると**図表Ⅱ－11**のとおりである。

　予見が難しい危険に対する決定は非常に難しい。しかしながら，差し迫る危険に対処法を決定しないことは危険を増大させる。

　加藤尚武は，全体論と個別決定論の対立という図式を提示し，実際に決定を下すということは，自身に知らされている要因の中のどれかを視野に入れて，他の要因を視野外に置くことであると整理した上で，次のとおり指摘している。ストレステストを実施する際参考になるので，抜粋して引用する。

　「決定とは，選択肢を枚挙して，その一つを実行することである。選択肢を比較するには，同じ質の要素を選んで程度の大小を決める。…安全か危険かが

21　ストレステストとは，外から一定の負荷がかかったときに耐えられるかどうか，あるいはどこまでの負荷に耐えられるのかを調べるリスク管理の手法である。

図表Ⅱ−11　ストレステストの類型

平時におけるリスク量（定量的アプローチ）では把握できないストレス状況の把握とコンティンジェンシー対策検討のため，ストレステスト（定性的アプローチ）が活用される。

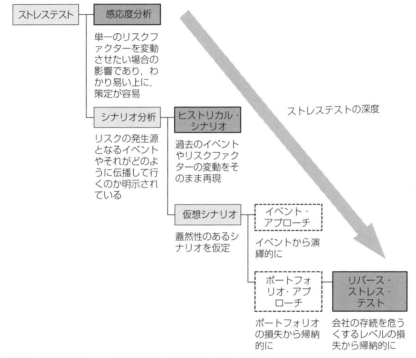

（出典：監査法人トーマツ金融インダストリーグループ『保険会社のERM「統合的リスク管理」』（2012年，保険毎月新聞社），P.225を基に，著者加筆）

自明でないと自己決定ができない。…安全の決定は情報の伝聞に依存する。安全の情報の発信は政府の責任である。個人はこれによって自己決定が可能になる[22]。」

不確実性下の意思決定においては，最悪の事態回避に対していかに合理的に

22　加藤尚武『新・環境倫理学のすすめ　増補新版』（2020年，丸善出版），P.157, 158。

アプローチするかが重要である。理想的には，リスクに対する客観的評価ができる状況（つまり，不確実性がリスク化されている状況）の下で，選択肢に関して比較考慮が可能なことが望ましが，不確実性が高い状況では，通常のアプローチがとれない。それゆえ，洞察力でもって最悪の事態をシナリオ化する。そして，この事態を回避するための具体的な対策をあらかじめ検討することは重要である。

　不確実性の下における検討において，ストレステストが有効と思われる点を整理しておきたい。未知のリスクに対応する際の問題は，当該リスクのプロファイルや関連する要素を含めたリスクの全体像を十分承知していない中で対応しなければならない点であろう。しかし何らかの対応のためには，どうしても避けたい事態や重視すべき帰結（エンドポイント）を明確にしない限り対策が立てられない。もちろん多様な価値観や，リスクとベネフィットあるいはリスク間のトレード・オフといった問題に直面することになるが，まずは当面のエンドポイントを設定する必要があろう。

　ストレステストは，解決したい目標とそれを阻害する要因となる要素，さらにそのリスク要素に起因して発生する可能性のあるシナリオのうち，避けるべき最悪の事態を明らかにする手段として有用である。この作業を通じて，現時点で理解し得る要素や取り得る選択肢との関係，そしてその自社への影響について整理することとなる。影響についての考察においては，例えば企業戦略の場合，5 Forcesなどの手法を使って多面的に分析することが有益であろう。

⑸　ソフト面の管理強化

　企業において不祥事が発生したとき，その要因の中で，仲間のため，会社のため，顧客のため，といった発言が出てくることからもわかるように，組織の倫理を扱う場合には，個人の倫理を扱う場合以外の要素についても考慮しなければならない。つまり，組織構成員が企業不祥事に至らないように，いかに組織として経営理念や行動指針，インセンティブ報酬プランなどといったルール，

制度面での統制を行うか（ハードコントロール），長い年月を通じて形成された行動上の価値観や組織内に沈殿した行動上の動機づけとなっている価値の総体としての組織文化の統制（ソフトコントロール）にいかに対応するのかといった両面から検討していく必要がある。

　企業内に，正しく行動する風土を構築しそれを維持するために組織内に浸透させるための教育の重要さが指摘される。

　この点について，ペインは，ある経営者の発言を次のとおり引用している。発言内容は，1990年代の状況を反映したものとなっており，少し時代のズレを感じるものの，倫理的感覚は時代と共に変化するべき点は十分伝わってくる。「米国企業社会でかつて賢明なビジネスだと考えられていたことも，今では許されなくなることが起こる。昔は自分をよく見せかけて一番良い取引をしようとしていた。適当なことを言って，それで交渉をまとめることもできた。しかし今日ではそんなことは不当な価格設定や不正な言明となり，法律違反になる[23]。」

　企業活動がグローバル化していく中，たとえ同じ企業グループに所属していたとしても，各国の文化的特質が浸透して，現地法人の組織文化に違いが生じる。かつてホフステードは，IBMの各国の支社で働く人々を対象に価値観の違いに関する調査を行った。価値観に関する質問に対する回答を統計的に分析した結果，どこの国のIBM社員にも共通する問題があることがわかった。ただし，次にあげるような分野では，解決の方法が国によって異なっていることを確認している[24]。

　①　権威との関係をはじめとする，社会的不平等（権力の格差: Power distance）

23　リン・シャープ・ペイン『ハーバードのケースで学ぶ　企業倫理―組織の誠実さを求めて』（梅津光弘，柴柳英二訳，1999年，慶應義塾大学出版会），P.155。
24　G・ホフステード『多文化世界』（岩井紀子，岩井八郎訳，1995年，有斐閣），P.13～15。

78

② 個人と集団との関係（Collectivism v. Individualism）

③ 男性らしさと女性らしさの概念（Femininity v. Masculinity）

④ 不確実性への対処の仕方（不確実性の回避[25]: Uncertainty avoidance）

⑤ 長期志向対短期志向（Long-term orientation v. Short-term orientation）

　ここで，不確実性への対処の仕方が挙がっている点に留意が必要であろう。参考までにホフステードの不確実性と文化に関連する説明を要約して紹介しておきたい[26]。

　「すべての人間は，明日何が起こるかわからないという事実に立ち向かわなければならない。不確実性が極端に高いと，耐えられないなどの不安に陥る。あらゆる人間社会は，この不安を和らげる方法を生み出してきた。これらの方法は，科学技術，法律，宗教といった領域に含まれる。科学技術は，自然によって引き起こされる不確実な出来事を回避するのに役立っている。法律と規則のおかげで，他の人々が不確実な行動を取ることが避けられている。宗教は，超越的な力とつながりをもつ道であり，その力によって，個々の人間の未来が左右されていると考えられている。」

　ここで，社会と企業との関係の変化，経済的価値と社会的価値との関係について考えてみたい。

　移行社会に向けて，持続可能性といった概念は，キーワードである。企業経営にも大きな変化が現れてきている。かつて，ミルトン・フリードマンが主張した「企業の唯一の社会的責任は，その資源を活用して，利益を増やす活動に

25　不確実性の回避は，ある文化の構成員が不確実な状況や未知の状況に対して脅威を感じる程度と定義することができる。この用語は，アメリカの組織社会学者のジェームズ・G・マーチが最初に使い始めた（Cyert, Richard M. and James G. March, 1963, *A Behavioral Theory of the Firm*, Englewood Cliffs, NJ: Prentice-Hall）。

26　ホフステード，前掲注24，P.118, 119。

従事することである。」という考え方は，2019年8月にアメリカの大手有力企業のCEOで構成される経営者団体であるビジネス・ラウンドテーブル（BRT）によって修正され，企業の目的，存在意義は，「すべてのアメリカ国民に奉仕する経済を促進することだ。」と述べ，利害関係者全員に恩恵をもたらすために自社を率いると説明した。これに対して，機関投資家評議会（CII）は，株主の権利を縮小して他のステークホルダーにどのように説明責任を果たすかを明らかにしていないとし，長期的な株主価値を実現するには，ステークホルダーを尊重するとともに，企業所有者に対して明確な説明責任を負うことを要請する声明を出している。

　現時点では，企業にとってSDGsなどによって，何をしなければならないかは明らかになっている。しかし，具体的にどのようにすべきか（処方箋）が共有されている状況にはない。各国で，各企業が模索，検討を続けている。

　企業にとって，経済的価値と社会的価値との間にトレード・オフの関係が生ずる以上，両者を両立させ，経済合理性を見出すことは難しい問題である。特に，初期の取組みにおいては，このハードルは高い。そして，企業はグローバルな競争の中で企業活動を続けている。このトレード・オフを解消できなければ，競争に負けてしまう。

　レベッカ・ヘンダーソンの次の言葉は，示唆深い。「共有価値という考え方を取り入れることがイノベーションであり，もっと正確にいえば，『アーキテクチュラル・イノベーション』であるという事実を認識する点にある。アーキテクチュラル・イノベーションは，コンポーネンツ自体を変えるのではなく，システムのコンポーネンツの関係—システムのアーキテクチャーを変えるものだ[27]。」さらにヘンダーソンは次のように述べている。「私は20年以上，こうした変化の研究に携わってきた。そのなかで学んだことが少なくとも三つある。第一に，アーキテクチュラル・イノベーションを認識し，対応するのは簡単で

---

[27]　レベッカ・ヘンダーソン『資本主義の再構築—公正で持続可能な世界をどう実現するか』（高遠裕子訳，2020年，日本経済新聞出版），P.89。

はないが，できないわけではない。…第二に，こうした変化を追い風にできる企業—競争相手に先駆けて投資する勇気，まったく違う方法で市場にアプローチするために技術や人材に投資する勇気を持った企業—は多額のリターンを刈り取れる可能性がある。第三に，変化のカギを握るのは，組織の目的，存在意義（パーパス）である[28]。」

(6) 不確実性に対する倫理とリスクの統合的活用

　普段の業務は，これまで組織内で共有している方法で日々処理されていくことであろう。特段倫理的な検討の必要性を感じることはあるまい。リスク管理に関わる意思決定においても同様である。つまり，既に定量化するに至った既知リスクについての処理は，改めてリスク管理プロセスを回しリスク処理方法を検討する必要はない。

　それでは，倫理的視点で検討する必要があると感じるケースとはどのような事態であろうか。これまで経験したこともなく，企業活動との関係を検討し処方箋がないケース（例えば，遺伝子操作，人工知能などの新たな技術が，あるいは世界的な感染症などの流行が予期しない事態を引き起こし，通常の日常を根本的に変えてしまうなど）に出くわしたとき，あるいは他社で起こった事例において，今まで想定もしなかったような展開をたどったり，社会から驚くような反応を受けるといったケースに直面したとき，感じているのではなかろうか。これは，リスク管理の場合でも同じである。例えば，新たなリスクが登場した場合，既存のリスクが変質したと感じる場合がこれに当たるだろう。この場合には，改めてリスク管理プロセスを回して，新たに処方箋を検討しようとする。

　このように今後社会が変化していく中で，新たな事態に直面したり，新たなリスクに直面した場合は，倫理面，リスク管理面双方から検討する必要があろ

28　ヘンダーソン，前掲注27，P.103，104。

う。許容できる自由の限度を決めることが倫理学の課題だといわれている。企業の社会的責任を踏まえた範囲の中で戦略（企業にとって有利なシナリオの選択）は遂行されるべきである。この点は，少し次元は異なるが，個人の喫煙の倫理性の論議と似ている。喫煙するか否かは自らの判断，個人の嗜好として愉しむ自由がある。しかし喫煙が周囲の人に対する健康上の害をもたらす場合の個人の自由の制限についての検討が必要になる[29]。つまり，企業の価値創造が社会の価値を損ねることになってはならない。こうして，企業の利益追求と社会の共通利益との整合性が調整されることとなる。

　民主的な社会での暮らしの中で生ずる課題への対応においては，善と悪，正義と不正義，平等と不平等，個人の権利と公共の権利などをめぐる意見の対立が数多く起こり得る。このような課題に対し倫理学では，思考実験という手段を使って検討をする。これは，あるシナリオを描き，倫理的課題を単純化してある特定の要素のみを変化させてその要素が持つ倫理的課題について多面的に論議しようとする手法である。
　今後社会の変化と共に新たなリスクが登場する。そこに多数のシナリオが想定されることになる。社会的価値の観点から倫理上問題のあるシナリオは回避する必要がある。このシナリオを除いた上で，選択可能なシナリオの中から経済的に最善の方策を選択する必要がある。一般に，倫理上問題のあるシナリオは，社会の幸福への配慮が足らず利己主義に走り利潤のみを追求するケースが多いものと考えられる。その場合には，企業活動が社会価値と乖離してレピュテーショナルリスクに発展する可能性もある。つまり，ハイリターンの可能性もあるが，企業の存続を危うくする恐れもあるわけである。その帰結は，極端なハイリスク・ハイリターンのケースに該当するものと推定される。仮に倫理

29　19世紀後半に英国で活躍した功利主義者，J.S.ミルは，文明社会の成員に対し，彼の意志に反して，正当に権力を行使しうる唯一の目的は，他人に対する危害の防止であり，個人は自己の行為について，それが自分以外の人の利害に関係しない限り社会に対して責任を取る必要はないと述べている。

図表Ⅱ－12　未経験の課題へのアプローチのイメージ

■不確かな将来に向けて対応し得る多数の選択肢を予測し，その将来の結果（この場合，企業の経済価値）を想定することから始めることとなろう。

■同時にその選択肢の中には，企業が社会の中で認められる形で活動する，倫理的に許される範囲の選択肢を前提に，その中から好ましい帰結に至るシナリオが期待できる方策を選択することとなろう。

■ただ，その方策を採ったとしても，その結果が辿る帰結に向けてのシナリオは誰にも正確には予測し得ないため，多数の経路が描き得ることとなる。このような意思決定を行った場合の帰結に関する無数のシナリオが構成する確率分布は，下図のようにイメージされ，その期待値と期待値からの振れ（＝リスク）を意識した経営管理が可能となる。

■しかし，事態は常に動態的であるがゆえに，今後の追加情報や状況変化に応じて，選択肢や予想シナリオの修正を繰り返していく必要があろう。

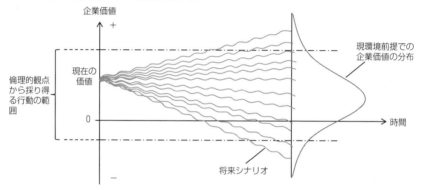

上取り得ない選択は，あるレベルを超えるリスク・リターンのケースと考えられるなら，企業価値の将来の帰結についての選択肢をイメージで描くとするなら，**図表Ⅱ－12**のような関係になるのではないかと考えている。

(7)　リスクに関する統治と文化の強化

　ジェームズ・C.コリンズとジェリー・I.ポラスは，長期にわたって競争に打ち勝っている成功した企業において，企業を定義づけるために役立つ「本質的，永続的な理念」が中核価値として共通して存在することを指摘し，それが，「財務利益や短期的な私利私欲のために犠牲にしてはいけない」ものとして企業にとって長期的な成功に不可欠となる中核的価値となっている[30]，と説明し

ている。

　企業倫理は，企業が社会に対してどのような良心，責任を持って，設立され，運営されているのか，についての考えであり，企業全般に適用されるものである。一方，企業理念（Corporate philosophy）は，個々の企業の存在意義や活動の指針となる基本的な考え方のことである。各社が公表している企業理念の体系は，それぞれ異なっているが，日本の企業では，企業理念，経営理念，企業行動指針，社員行動指針，基準などの構成で公表されることが多い。これは，Mission, Vision, Valueなどと表現されることもある。このような形で企業の存在意義や使命を表現することは，中期経営戦略や経営目標策定の際，企業を取り巻くステークホルダー間の利害を調整（外部ガバナンス）したり，策定した諸計画を組織内に浸透させ，実践されるよう組織を指揮・統制（内部ガバナンス）する際の指針となる。

　このような中核価値（企業理念）が，組織構成員の判断，態度，そして行動に実質的な指針を与えている。しかしながら，この内容が，組織内において，常に全員で同意しあえるとは限らないし，一般的な倫理判断と同一である保証もない。それゆえ，その時代の社会の期待が企業理念との間に実質的なギャップが生じていないことを確認する必要がある。倫理学は，異なる判断や行動において，その倫理的正当性を検討する基準を提示している。定期的な整合性の検証において，倫理的思考が求められる。

　また，行動の指針を共有していたとしても，現実には様々な局面で多様な形に姿を変えた課題に直面する。したがって，企業は，組織構成員が適切な判断と行動がとれるよう，明示的な方針，指示，マニュアルなどで徹底する体制を整備する（ハードコントロール）。

30　ジェームズ・C.コリンズ，ジェリー・I.ポラス『ビジョナリーカンパニー──時代を超える生存の原則』（山岡洋一訳，1995年，日経BP社）。

　しかしながら，将来の具体的シナリオは誰にも正確に予測することはできない。それゆえ，ハードコントロールのみによって的確にガイドできない事態に直面する。

　もしコンプライアンス・マニュアルで規定されていた事項と同じあるいは類似の事象に遭遇する場合は，その規定に従って行動することは容易であろう。しかし，企業にどのような影響を及ぼすのかについてそのパターンが多すぎる，あるいは未経験の要素も多く，明確に的確に想定できないといったケースではどうであろうか。ハードコントロールを適用するわけにはいかない。その場合，そもそも企業は不確かな将来に対してどのように対応することを求めているのか，目の前にある事象についてどのように考えればいいのかといったリスクに関する感性とその基本となる対応基準についての理解（リスクリテラシー）が必要である。そしてこのような事態に直面した際の行動（カウンターリスクビヘイビア）が自発的にとられて初めて文化（リスクカルチャー）が醸成されたといえる。このようにソフトコントロールは簡単ではないが益々重要になっている。

　社会が大きく変化しようとしているとき，型にはまったリスク管理は企業にとって大きな弱点となる可能性がある。これまで企業は，社会情勢と規範，新しい社会的機能の変化から生じるリスクを十分管理してきたとはいえないのではなかろうか。このようなリスクを「ソーシャルリスク」として意識する必要がある。特に，社会と企業の関係が重要となっている今，企業は組織の外の動きや価値観と内部の認識や価値観との乖離に鈍感であることが，ソーシャルリスクを拡大することとなる。企業の行動（プラクティス）に対する社会の許容水準は低くなっている。そして，NGOやNPOの活動は活発になっており，容認できないプラクティスに対する非難と，変わらない体質に対する圧力は拡大している。さらに，ソーシャル・メディアを通じて，容認できないプラクティスに対する批判はものすごいスピードで拡散する。

　ソーシャルリスクの中身を分解して，次のようなリスクも挙げられている。

- 事業が意識的に不健全な姿勢や慣習を受け入れるリスク（Cynicism risk）
- 経営者とスタッフの実際の価値が，会社が外向けに示す価値と相反するリスク（True values risk）
- ビジネスが，現在の社会規範と期待，そして変化のペースに追いつかないリスク（Insight risk）
- 社会情勢の変化によって，その寛容度が低下するリスク（Tolerance risk）

　金融機関では，サブプライムローンをきっかけにした金融危機の発生やその後発生したLIBOR関係者による不祥事[31]，ウェルスファーゴ事件[32]などを契機として，組織内の各組織構成員の行動に関する文化の醸成に強い関心が高まった。上記のハードコントロールに加え，個人の行動にかかわるリスク（コンダクトリスク[33]）について，管理の強化が強く求められるようになってきた。ハー

31　2012年に発覚した世界の主要な指標金利であるLIBOR（ロンドン市場における銀行間取引金利: London Interbank Offered Rate）の不正操作事件のことである。2005年半ばから2007年にわたってLIBORのリファレンス・バンク（レート呈示銀行）であった英国投資銀行のバークレイズのトレーダーが他の金融機関のトレーダーやマネーブローカーと共謀してLIBORを不正操作し，自己の取引ポジションに利益を不正に誘導したことと，2007年8月から2009年初めまでの金融危機において，バークレイズが財務状況や信用リスクに関してマーケットやメディアがネガティブに評価することを避けるために，信用リスクを過小評価し，リスクプレミアムを低く見積もり，ドル建てLIBORを意図的に低く申告していた事件である。

32　2016年9月に発覚した事件で，顧客の同意を得ずに架空口座を開設，クレジットカードを作成するといったことが2011年から5年間にわたり常態化していたことが明らかになった（不正な銀行口座開設件数:約260万，クレジットカード開設:56万件超）。同行の従業員の基本給は低く，ノルマの達成度合いに応じてボーナスが支給される仕組みとなっていた。ボーナス査定に口座開設数が設定されていた。このため，同社の社員がノルマ達成のため日常的に行ってきた不正であり，関連した社員は5000人以上に上る，と報道された。ウェルスファーゴは，それまで3年以上時価総額世界第1位の座（全米での支店数が第1位，資産総額は第4位）を守っていたが，巨大な制裁金と大規模な集団訴訟により，その信頼を大きく失墜させた結果2018年時点で資産価値ベース全米第3位に後退している。

33　コンダクトリスク管理においては，従来のリスク管理におけるオペレーショナルリスクに対するコンプライアンスの遵守などのハード面からの管理だけでなく，組織に所属する各個人の認識，判断，行動への動機づけを律する組織のカルチャーに着目したソフトコントロール面からの経営管理に改めて注目が払われるようになった。

ド・ソフト両面から組織構成員の実際の行動をガイドして，企業が期待する行動へと導く組織文化の形成の必要性が高まっている。

　文化と倫理との関係について，鈴木由紀子は次のとおり指摘している。要約して紹介する。「シャイン（Schein,E.H.）は，…文化の本質は集団として獲得された価値観，信念，仮定であり，組織が繁栄を続けるにつれてそれらが共有され当然視されるようになったものであるとする。つまり，企業文化はある価値観が組織の生成，発展の中で，その有効性が学習され一定の仮定，組織としての前提になったものと捉えられる。…企業の価値観によって形成された企業文化について見るならば，倫理的な（ethical）文化，道徳とは無関係な（amoral）文化，非倫理的な（unethical）文化が考えられる。そして企業文化の有効性がその組織の成功によって評価されるため，経済的業績だけによってそれらが測られる場合には，企業文化の有効性と倫理的な正しさが必ずしも一致するわけではない[34]。」

　企業活動がグローバル化した今，企業にとっては，活動の場における文化を強く意識しなければならない。これは文化の意味を考えてみると明らかともいえる。

　文化は，人間がそれぞれの場所で自然と対峙してあるいは共生しながら，固有の考え方とか，衣食住とか，そういったものを築いてきた結果できた価値観や諸制度，慣習などを総称したものである。文化の違いは，様々な形でわれわれの意思決定に反映される。世界には約3,000の文化があるとも言われている。文化のアイデンティティを核にして　国家を作ると3,000の国家が必要となる計算になるが，実際には約200の国家しか存在しない。国家内に葛藤，内乱，紛争が起こる要素として文化的要素に配意しなければならない理由である。

34　鈴木由紀子「アメリカの企業倫理」佐久間信夫，水尾順一編著『コーポレート・ガバナ
　　ンスと企業倫理の国際比較』（2010年，ミネルヴァ書房），第4章，P.71, 72。

　文化はよく氷山に喩えられる。これは，海面上に見えていることは，海面下にある価値観に大きく影響されているため，表面に見えていることは類似していても，その文化の本質は違っていることがある。また，文化は固定的なものではなく，常に変化している。あたかも氷山が常に移動しているように，氷山と同様，文化もどの瞬間においても，潮の流れとともに漂い続けている。

　文化は，ある一定のタイプの意思決定を奨励し，具体化し，可能とし，それ以外の意思決定を妨げる，企業のすべての慣行の総体と理解されている。法令遵守などのハード面の取組みだけでは倫理的行動を保証するには不十分である。そして文化は，たとえ法的な要請がなくても，組織構成員が倫理的に望ましい行動をするよう仕向けられるものと期待されている。このようにソフト面の対策の必然性が高まっている。

　企業の社会的責任（Corporate Social Responsibility：CSR）の文脈では，企業が単に経済的利益を追求するだけではなく，企業の活動が社会に与える影響に責任を持ち，様々な関係者に対して適切に振る舞うべきである，と整理されている。また，最近では，ESG（Environment, Social, Governance）といった課題に企業が適切に配慮して対応することを，投資家としても評価して投資を行うことで，地球環境問題や社会的な課題の改善，資本市場の健全な発展につなげ，持続可能な社会の形成に寄与するように投資を行う社会的責任投資（Socially Responsible Investment：SRI）が注目されている。

⑻　ESG要素による経営革新

　企業を取り巻く外部環境の変化を整理しておきたい。

　1999年に世界経済フォーラム（WEF）で，コフィ・アナン国連事務総長（当時）が提唱することにより，国連グローバルコンパクト（United Nations Global Compact：UNGC）が設立された。これは，企業や団体が責任ある創造

的なリーダーシップを発揮することによって社会の良き一員として行動し，持続可能な発展を目指すための枠組みである。

　UNGCでは，人権の保護，不当な労働の排除，環境への取組み，腐敗防止の4分野について10の原則を掲げている。署名した企業は毎年，原則の実施状況および成果に関する定期報告（Communication on Process：COP）が義務づけられている。

　2000年に開催された国連ミレニアムサミットでは，ミレニアム宣言が採択され，ミレニアム開発目標（Millennium Development Goals：MDGs）が採択された。1990年を基準年として2015年を達成期限とする8つの目標と21のターゲット，60の指標が設定された。

　リオ会議から20年経った2012年には，国連持続可能な開発会議が開催された。成果文書，「我々の求める未来（The Future We Want）」が採択された。その後2014年7月には持続可能な開発目標（SDGs）の案が提案されている。

　このように論議の流れを振り返ると，国際社会は，環境と開発を対立的に捉える論点からスタートし，今日ではSDGsという形で，自然環境が人間社会における持続可能な開発を可能にするための不可欠な基盤を提供するという考えを共有するに至ったことになる。

　金融市場では，20世紀前半から社会的責任投資（Social Responsible Investment：SRI）といった概念があった。これは，1920年代に英米のキリスト教教会で，酒，たばこ，ギャンブルを投資先から除外する動きであった。

　1970年代に入ると，米国で反戦，人種差別反対，環境保護などがSRIのテーマとなった。その後，国際連合のコフィ・アナン事務総長（同時）の呼びかけに応える形で，機関投資家を中心とする投資コミュニティが2006年4月に責任投資原則（Principles of Responsible Investment：PRI）を提唱し，投資の意思決定プロセスにESGの観点を組み込むべきとした。これが1つの契機になり，ESGの概念が急速に広がった。

　PRIでは投資家が投資を通じて環境問題，社会問題，企業統治について責任

を全うすることを要請している。この背景には，資本主義経済から最大のメリットを享受してきた資本家にとっての最大のリスクは，資本主義経済自体の持続可能性にあるという危機感がある。つまり，資本主義経済の発展の陰に，貧富の格差拡大，環境問題，人権問題などの社会問題の拡大が強く認識されるようになり，資本主義経済の持続可能性に疑問符がつくようになった。

　企業は社会システムの中の1つの機能であり，社会と企業の関係は，社会の変化とともに変化してきた。コーポレートガバナンスの歴史を振り返ると，シェアーホルダーという言葉からそれを拡大する形でステークホルダーという言葉が使われるようになってきた。このような流れの中で，企業のコーポレートガバナンスの考え方も，株主至上主義から株主以外のステークホルダーへの配慮を意識するステークホルダー主義へと移ってきている。

　企業の事業をSDGsとの関係で整理し，事業のもたらす社会的リターンの拡大を意識した動きが出てきたことから，社会課題の解決に対応することで，経済的価値と社会的価値をともに創造するCSV経営の考え方が進展した。ここで，社会的価値とは，例えば，GHG排出の削減，労働環境の改善，ESGを意識したサプライチェーンの改善などの社会リスクの低減や，再生可能エネルギーの促進，女性活躍支援，マイクロファイナンスなどの貧困層への支援などの社会的インパクトの創出を指す。このような考えから，企業価値に対する考え方も非財務要素（ESG）が及ぼす中長期的な貢献や各ステークホルダーへの貢献といった観点が進展してきている。

　一方，金融市場も，財務要素，非財務要素をいかに投資判断に組み込んでいくかを模索している。市場関係者による企業価値の評価や投資判断の変化は投資価値の変化を生む。金融市場において，企業価値に影響を及ぼす要素として時間の経過にともない非財務要素が拡大してくるものと考えられる。同時に，経営管理も，中長期戦略やリスク管理の中にESG要素の組込み（インテグレーション）が進展し，開示も活発になっていくものと考えられる。現在，企業は移行社会に向けた経営革新を模索している段階にある。ここで1つの予測を試

図表Ⅱ－13　財務・非財務要素を統合した経営革新の模索

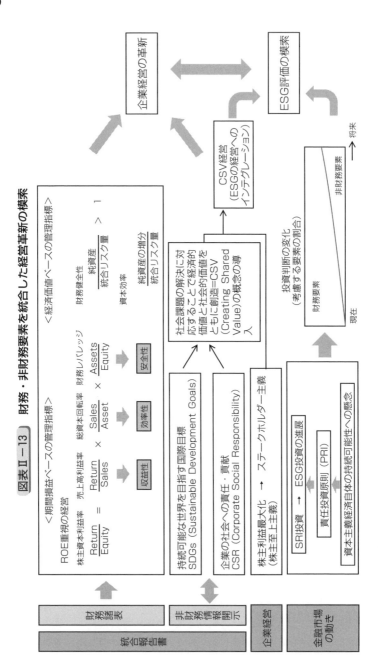

みるとすれば，**図表Ⅱ−13**のとおりまとめられる。

　しかしながら，現時点でESG要素が経営管理において十分捉えきれていると
はいえない。これらの要素をいきなり組み入れると，これまで重視されてきた
要素とのトレード・オフを引き起こす恐れもある。金融市場の動向として，
ESG要素が企業価値評価に対して徐々に浸透しつつあることを示す実証研究も
報告されている。例えば，銀行業務と重要な関係にあるESG項目に取り組んで
いる銀行群に対して，その取組み成果とパフォーマンスとの間には相関が見出
せる（**図表Ⅱ−14**参照）との報告[35]があるように，CSV経営の推進やSDGsへ
の貢献といった取組みと企業価値との関連がますます意識されていくものと考
える。

図表Ⅱ−14　**重要ESG対応上位行および下位行ポートフォリオのパフォーマンス**

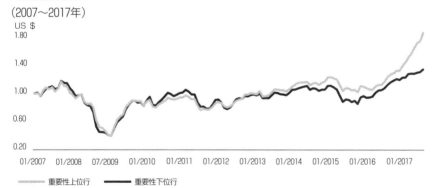

（2007〜2017年）

（出典：KKs Advisors, European Investment Bank, Global Alliance for Banking on Value,
Deloitte, Do sustainable banks outperform? – Driving value creation through ESG practices,
2019，P13を抜粋）

35　KKS Advisors, Do sustainable banks outperform? Driving value creation through ESG
　　practices,2019.
　　https://www2.delotte.com/content/dam/Deloitte/lu/Documents/financial-sevice/Banking/
　　lu-do-sustainable-banks-outperform-driving-value-creation-through-ESG-practices-report-
　　digital.pdfより入手可能。

　また，外部専門会社によるESG評価（スコアリング）も行われており，同ス
コアリングと企業評価との関連性についても実証分析が進められている。例え
ば，加藤康之は，企業価値を割引キャッシュフローモデルで想定し，資本コス
トで近似することから，日本の検証母集団企業の資本コスト（代理変数として
各企業のβ値を利用）を被説明変数，ESG評価とコントロール変数（株主資本
比率，売上高成長率，総資本）を説明変数とした重回帰でESG評価変数の係数
をt検定している。日本企業，米国企業，英国企業の分析結果には差異が確認
され，また，E, S, Gそれぞれの要素によって分析した結果の傾向は異なってい
るようである[36]。今後の動向を見守る必要があるものと考える。

36　加藤康之「ESG投資の新潮流と企業経営」（ディスクロージャー & IR 2020/11 Vol.15），
　　P.108〜116。

倫理とリスク管理の視点からの事例検討

┌─ **第Ⅲ章のポイント** ─────────────────────

　第Ⅲ章では，第Ⅰ，Ⅱ章で整理した基礎事項を踏まえ，過去の事例を検
討します。いずれも有名な事例ばかりで，これまでもいろいろな機会で取
り上げられてきた事例だと思います。ただ，本章では，倫理とリスクとい
う2つのキーワードを意識して検討します。

　過去の事例は当時の環境の中で起きたものです。現在では既知の事象と
なっているものでも，当時は，大きな環境変化と考えられた要素が含まれ
ています。その点を意識して，現代企業が将来の経営管理の強化に当たっ
て気づきを得られるよう検討していきます。

　本章で取り上げる事例は，製造物責任，会計不祥事，環境リスク，自然
災害に関わる事例です。それぞれ異なる切り口の知見を提供してくれま
す。温故知新，この検討を第Ⅳ，Ⅴ章につなげたいと考えています。

└──────────────────────────────

　本章の目的は，過去の危機事例を再検証する中で，倫理とリスク管理の関係を整理することである。取り上げる事例はいずれも，これまで何度も多方面で取り上げられてきた事例ばかりである。しかし，今回は，倫理とリスクの接点にあたる課題についても触れたいと考えている。

　変化する社会においては，倫理問題について，最初から定まった正解は存在しないことが多い。われわれ自身で，自分たちの生き方を決めなければならない。このようにあらかじめ正解がない世界で，何を指針として，何を行動の理由とするか，自分たちなりに考えていくこと自体が倫理学の課題といえる。また，この状況は，リスク管理において，過去の経験知や処方箋が使えず，将来のシナリオの予測ができない不確実性に対応しようとする状況に似ている。移行社会への対応を考える際，倫理とリスク管理の置かれた共通点についても意識して欲しい。

　さて，これまで企業は様々な変化の中で，生き残ってきた。この不確実な変化の中で破綻する事例も多く存在する。破綻原因をリスク管理の観点から分類すると，自社の資本以上にリスクを抱え込み，そのリスクが発現し財務の健全性を損ねるケースと，推進した戦略が企図したリスク・リターン上の成果を生まず，戦略上の失敗に至るケースに大別できる（**図表Ⅲ－1**参照）。

　しかしさらに深層を探っていくと，社会の変化，企業の立ち位置との関係で，企業の理念・使命と社会の価値観との関係が影響している可能性がある。

　事例検討において，時計を戻して当時の状況を再確認し，当時の意思決定の詳細を確認することはできないものの，関連情報から一定の推定は可能である。企業倫理とリスク管理の観点から検証し，今後の移行社会における対応の参考になる視点を抽出できればと考えている。

96

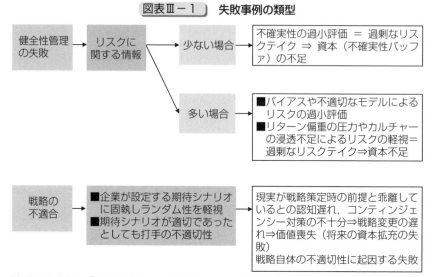

図表Ⅲ－1　失敗事例の類型

(出典：後藤茂之『ERMは進化する』2019年，中央経済社，P.98，図表3-1)

1　アスベスト製造物責任

(1)　危機の概要

　アスベストに関する製造物責任に関する法的考え方の変化が危機的状況に至った経緯を，この危険を引受けていた保険を通じて検討してみたい。

　長い保険取引の歴史の中で，新しいリスクを引き受けるパイオニア的な役割を果たしてきた英国の保険取引所（ロイズ[1]）の事例をみておきたい。保険で引き受けるリスクもある変化をきっかけにその特性が大きく変質することがある。ロイズが引き受けたアスベストに関する製造物賠償責任保険[2]はロイズを存亡

1　ロイズは英国のブローカーとアンダーライターが保険取引を行う市場である。木村栄一『ロイズ』（1981年，日経新書）に詳しい。

の危機にたたせることになった。

　保険危険にかかわるリスク評価は非常に難しい。すぐれた耐熱性を有するアスベスト（マグネシウムと鉄のケイ酸塩の混合物）は，建設から自動車まで多くの工業製品に使用されていた。しかし，細かい非溶解性のアスベスト繊維を吸い込むと，何十年もの潜伏期間を経てある日突然息苦しくなり，その後，急速に病状が悪化し，呼吸が困難になり発作を起こして死に至るという石綿沈着症を引き起こす。そして，肺あるいは腸の内膜にできる悪性の腫瘍である中皮種や，肺の上部にできる悪性の腫瘍である気管支原性癌といった病気を引き起こす。

　1940年から，ロイズ・シンジケートは北米の製造物責任保険に対して，膨大な超過損害再保険[3]を引き受けていた。アメリカの司法の変更が当該保険のリスクプロファイルを大きく変えた。1960年代初めまでは，製造物責任は食料や化粧品など，人間が消費する目的で作られる消費財に限定されていた。その後，消費者運動のうねりの中で，製造物の欠陥がユーザーにとって過度に危険な場合，この責任はすべての製品に適用されることとなった。史上最大の製造物賠償といわれるアスベスト訴訟は1966年に始まり，1970年代から1980年代にかけ急増した。

　加えて，アスベストの健康への危険を従業員に意図的に知らせなかった事実に衝撃を受けた賠審団が，アスベスト業者に対し，その行為が強い非難に値するとして，陪審の裁量により加害者に制裁を加え，同様の行為を抑止する目的

2　製造物責任保険は，被保険者が，製造，販売または取り扱った生産物に起因して被保険者の占有を離れた後に発生した偶然な事故，仕事を完了（引渡）した後に仕事の結果に起因して発生した偶然な事故によって，他人にけがをさせたり（対人），他人の財物を壊した（対物）ために法律上の賠償責任を負った場合に，それによって生じた損害を契約内容にしたがって支払う保険である。

3　超過損害再保険は，元受保険会社（この場合，アスベスト業者の製造物賠償責任保険を引き受けていた米国保険会社）に生じた損害が，約定された金額（Excess Pointと呼ぶ）を超える場合，その超過分を約定した限度額または率の範囲内で再保険会社（この場合，ロイズ）によっててん補されるという方式の契約である。

98

で高い懲罰的損害賠償（Punitive damages）を払わせる方向に傾いたことも加わり，潜在的な損害賠償額はどこまで拡大するかわからない事態に至った。

　一方，ロイズのアンダーライター（保険引受業務を担う者）たちも，アスベストが有毒でそれを使って働く人たちは重大な損傷にさらされるという医学的証拠があったにもかかわらず，アスベスト業者の製造物責任保険を引き受けており，その危険を軽視していた。

　これらの取引からもたらされる恒常的な保険料とその保険金支払までの間に生ずる投資収入がアンダーライターにとっては大きな魅力となっていたことも影響している。

　アスベスト賠償責任については，当時保険証券の解釈をめぐる問題も起こった。アメリカの保険業者やロイズの保険証券が「保険証券の有効期間内に肉体的損傷をもたらす状態にさらされている」ことを条件とする保険事故の発生方式（オカレンス方式と呼ぶ）で引き受けられていた。後のアメリカにおける訴訟で，将来いつでも過去の事故あるいは「さらされていたこと」に対するクレームが提起できる，との解釈がその後の裁判で確定することとなる。そのため，石綿肺の長い潜伏期間の間に発行された保険証券が責任の対象になった。

(2)　リスク判断の失敗

　保険を引き受ける際のリスク評価は極めて重要である。当然，アンダーライターの責任は重い。本件においては，アスベストのリスクを適切に評価できなかったこととなる。そして，毎年の契約更改時にリスク評価の見直しに至らなかった要因に，ロイズ固有の引受慣行や会計処理も関係していた。

　このような形態の再保険契約の場合，引き受けた保険契約の保険期間が終了してからずっと後になって，保険金支払請求がなされるのが一般的である（このような種類の契約のことをロングテイル（ Long Tail（尾の長い））・リスク

と呼んでいる）。

　ロイズの取引慣行は，それぞれのリスクに対して知識や経験を有するアン
ダーライター（リーディングアンダーライターと呼ぶ）が引受条件と価額を決
定し，リスクの一部をまず引き受け，その引受条件を参考にして，他のアン
ダーライターが残りの部分を引き受け，最終的にロイズ内で100%の引受に達
すると，ロイズ保険証券が発行されるといった流れになっている。しかしなが
ら，この取引慣行は，意思決定の際に他人の評価を信頼し，追随するといった
行動（Herding）を引き起こす恐れがある。つまり，特定の領域で専門的経験
を有するアンダーライターの判断に集団の判断が大きく左右されることとなり，
結果として「少数派影響力によるバイアス（Minority influence）」といった集
団バイアスに陥る危険がある。

　保険金請求が保険契約期間を終了してかなり時間が経過してから提起される
保険種目（ロングテイル・リスク）におけるロイズの会計制度は，期間損益を
会計上確定するため，勘定締切再保険[4]という手法が使われていた。
　このようなロイズ内の取引方式，勘定締切，更改といった固有のプロセスを
続けていく行動の中で，引受主体たるアンダーライターの中に，「心理勘定に
よるバイアス」の介在を推定させる。つまり，リスクが残存している事実にも
かかわらず再保険で処理され，その過去のリスクをゼロクリアしてしまう錯覚
がある。

4　これは，シンジケートが勘定を締め切る際，その時点で保険金の支払義務がなくなって
　いない契約に対して，「既に明らかになっている債務」と「発生しているがまだ報告されて
　いない債務」全てについて再保険（保険者が引き受けた保険契約上の責任の一部または全
　部を別のシンジケートあるいは保険会社にリスク移転する保険者間の取引）処理をすると
　いう形で勘定を締め切る仕組みである。

(3)　リスク管理上の教訓と対応

　個別の再保険取引はリスクを分散し，元受保険会社の保有リスクポートフォリオの安定に寄与する。ただ関わる再保険会社が増えるほど，それらの企業の信用リスクを抱えると同時に再保険取引コストが加算されていくことになる。本件におけるロイズの対応は，アスベストリスクというロングテイル・リスクに対するリスクの見極めを誤り，安易な引受の継続がなされたこと，次々に再保険を重ねたことに起因している。極端なケースでは，ロイズ外の保険会社に再保険で移転したリスクを再び再々保険で引き受けるといったことまで発生していたようである。

　本件を契機にロイズは大改革を断行することとなる。過去の引受リスクをエクイタス（ロイズとは独立した新設会社）に移転し，リスクの遮断を図った上で，今後のリスク引受に対する担保を拡充するため，新しく有限責任の法人会員を募りリスク資本を拡大し，財務的健全性の回復を図った。そして，このような失敗を教訓に，全体としての管理を強化するため，新たに引受リスクの中央管理方式を導入するという抜本的改革[5]を断行した。

(4)　倫理学の観点からの検討

　本件は，製造物責任保険のリスクを大きく変えたことが，ロイズを危機に追

5　ロイズは，リスク選好方針を明確にし，リスク資本委員会（Risk and Capital Committee）やリスク管理委員会（Risk Management Committee）で保有リスクを定期的にレビューし，取締役会に報告する。また日々の事業活動にともなってリスク状況に大きな変化がないか否かのモニタリングにより，内在する主要なリスクを文書化して確認し，その影響度を定量・定性で評価し，必要な対策も協議し，特定したリスクをグロス（軽減・コントロール前）とネット（軽減・コントロール後）別に評価し検証するといった仕組みを構築した。今日では，一般的になっている保険会社の統合的リスク管理の枠組みを構築するきっかけになった事例といえよう。

いやった原因である。製造物責任の考え方の変化について整理してみたい。

　製品ライフサイクル上の責任という概念がある。これは，製品のライフサイクルのどの時点であれ，それによって引き起こされたいかなる損害に対しても，企業が責任を負う可能性があるという主張である。つまり，企業が製品を製造し市場に導入することを決めるとき，単に顧客が購入したという理由だけでは，その製品に対する責任を免れることができないと主張する。なぜなら，製品を開発する企業は，製品の設計，生産，流通，マーケティング，使用および廃棄の過程で倫理的また環境的な害が生じるのを防ぐために，その製品の全ライフサイクルを管理する責任を取らなければならない，と考えるからである。

　さらにこのアプローチは，初期段階の「揺りかごから墓場まで」の責任から，最近では，「揺りかごから揺りかごまで」つまり，製品が資源プールに戻され再利用されるまで，企業の責任は続くと考える。

　企業が市場へ持ち込んだ製品による損害で，企業はどのような責任に直面するかについて，法は，次の2つの領域で責任を規定している。

　1つ目は，その製品によって引き起こされた損害に対して企業に責任を負わせている（製造物責任）。

　2つ目は，生産サイクルの中で発生する可能性のある従業員や環境への損害（従業員の健康および安全保護や環境汚染など）を最小化するための責任を企業に負わせている。

　今日では，グローバルな社会の関心が持続可能な社会をいかに創っていくかといった方向に向かっている中で，SDGsやESGといった観点から企業の社会的責任が論じられている。今後は，製造物責任もこのような流れを踏まえて考える必要があろう。

　次に，法を超えた倫理問題としての企業の責任について整理する。例えば，サプライチェーンマネジメントは，生産工程全体の中に，児童労働や低賃金，悪条件が問題になる。工場や施設を使用する場合の企業の責任を追及している。このように，持続可能性を求める世界的運動の発展は，企業の自社製品に関す

る責任の範囲を広げている。そして，持続可能性は，企業が市場に持ち込む製品によって危害に直面する可能性を持つステークホルダーのリストの中に自然環境も加えられている。

　なお，日本において，建設現場でアスベストを吸って健康被害を負った作業員と遺族による訴訟で最高裁は，2021年5月17日に，国と建材メーカーの賠償責任を認める初判決を出した。国は屋内作業でマスク着用を義務づけるなど十分な規制をすべきだったのに，これを怠ったため違法であると判断した。責任が問える期間は，アスベストの危険性を認識できた1975年から，建材使用や製造を原則禁止とした2004年まで，約30年間と認定している。メーカーに対しては，被害を生んだ建材を特定できなくても，販売時期・地域と作業実績の関係や市場シェア率から被告メーカーの建材が現場に到達したと推認できるとし，警告表示を怠った違法性を問えると認めた。関連する参考情報として付記しておきたい。

2　エンロン事件

(1)　事件の概要

　エンロン社は，1985年7月に，ヒューストン・ナチュラル・ガス社と，天然ガスパイプラインのノーザン・ナチュラル・ガス社の合併によって誕生した。同社は，ガス，エネルギーの供給会社からエネルギーの取引会社へと業務転換を図り，デリバティブ，証券化商品，ブロードバンド事業など多角化による拡大戦略を大胆に推し進め，1990年代に急成長した米国企業であった。1990年代末までには，エネルギー取引が公表ベースの収益の80%を超えるようになり，2000年には，売上高1,000億ドルを計上し，全米7位の巨大企業にまで発展し，フォーチュン誌にも，「最も革新的な米国企業」に5年連続で選ばれている。

　しかし2001年に入り，不透明な会計処理を行っているとの疑惑が持たれ，株
価が下落し始めた。8月に当時のCEOが突如辞任した。エンロン事件発覚の
契機は，CFOの利益相反行為や，エンロンが行っていた特別目的会社（SPE：
Special Purpose Entity）取引の会計処理問題，不十分な情報開示に関する内
部告発文書の会長への提出が契機となり，その後巨大な不祥事件へと発展した。

(2)　規制緩和とエンロンの戦略変更

　一般に企業破綻の経緯を後日検証してみると，大きな戦略変更が関与してい
る場合が多い。そして戦略変更を実施する背景には，環境変化が関係している
ことが多い。エンロンが活動の対象としたエネルギー業界について考えてみた
い。エネルギー価格の特徴は，短期間で大きく変動することにある。このため，
伝統的に，エネルギー企業のために価格の安定と，消費者のために価格の統制
を提供する手段として，政府による厳しい規制が導入されてきた。
　しかし，1990年代に米国政府は経済に対する規制緩和政策を導入し，エネル
ギー分野と金融分野は最初に緩和されるべき対象となった。例えば，天然ガス
供給者以外のプレーヤーに天然ガスの販売・流通を認める規制緩和が行われ，
業態のアンバンドリングを促進する環境があった。エンロンはこの動きの機先
を制し，「リスク仲介業」という新たな業態（オープン・マーケット）を自ら
創り出している。
　エンロン社の1990年代の急成長は，この規制緩和と無関係ではない。同社が，
ガス，エネルギーの供給会社からエネルギーの取引会社へと業務転換を図り，
デリバティブ，証券化商品，ブロードバンド事業など多角化による拡大戦略を
大胆に推し進めた背景には，経営陣が，規制緩和という環境変化を戦略的に捉
えた行動がある。

⑶　バランスシートの悪化と会計不祥事

　エンロン調査特別委員会報告書によると，90年代後半にエンロンの事業投資
が急拡大したため投資資金調達（負債）が拡大しバランスシートを悪化させた。
実際の売上高と純資産残高との関係を見ると，1998年より，売上の方が上回り，
その乖離幅は2000年に向けて急拡大するというレバレッジ経営が推し進められ
ていたことがわかる。

　バランスシートの悪化は格付け低下につながる。これは，デリバティブを多
用してエネルギー商品の取引を行うエンロンにとっては致命傷となる。そこで，
特別目的会社（Special Purpose Entity: SPE）を設立し，外部からの出資を集
め，エンロンの出資割合を低下させ，連結対象外[6]とし，含み損のある資産を
SPEに売却して本体からオフバランス化（連結対象外）する行為となった。こ
のようにSPEに資産を売却してオフバランス化が繰り返される会計操作がなさ
れた。

　また，エンロンは，SPEの債務超過に対して引当金計上を回避するため，
100%子会社を通じてSPEに自社株式を拠出し，100%子会社がSPEとの間でデ
リバティブ取引を行い，その取引から得られた利益でエンロンの投資の評価損
を相殺していた，という。ところが，エンロンの株価の下落によりSPEの支払
能力不足が深刻になると，追加拠出やSPE間の相互保証，担保提供契約の締結，
複雑なデリバティブ取引を実施し，その損失拡大の表面化を回避しようとして
いた。なおヘッジ取引は，複雑な構造をとってはいるが，結局はエンロンの株
式価値に依存したヘッジとなっていた。これは，「経済的ヘッジ」とはいえず，

6　当時の会計規則によると，SPEの株式の3％以上の出資者はSPEの持ち主とみなされた。
また議決権付き株式の持ち分が50%未満であればそのSPEは，エンロンとは別の事業体とな
る。また簿外取引とするためには，次の要件を満たす必要があった。① 独立した第三者が
SPEに対して十分な持ち分投資を持っていること，② 独立の第三者による投資が実質的で
あること，③ 独立の第三者がSPEの支配財務持ち分を保有すること，④ 独立の第三者の
SPEへの投資は実質的なリスクを負っていること。

評価損と益を相殺するための「会計的ヘッジ」にすぎなかった。それゆえ，SPEへの投資価値が下がると同時にエンロンの資本の低下を招くという構造になっていた。

　このような経緯から推定すると，拡大戦略に伴いリスクと資本の関係が変化したにもかかわらず，格付けを維持する必要から，不正会計処理へと誘導する原因を作ったものと考えられる。

⑷　企業倫理に関連する検証

①　企業理念と社会の価値観

　エンロン社が当時掲げていた理念や価値観は，「敬意，誠実さ，コミュニケーション，卓越性」である。企業理念には，組織として目指すべき方向性が示されていることが多く，組織構成員の行動の指針となっている。しかし，理念が掲げられていることが実際の行動と一致していることの保証を意味しない。一致させるための，ハード・ソフト両面での対策が不可欠であることは言うまでもない。企業は生き残るためには環境変化に対して革新を起こし続ける必要がある。歴史は，創業期，成長期，成熟期，衰退期を経て，第二の成長期を迎えるのか，現状維持か廃業や倒産の途を歩むことになるのか，を繰り返している。エンロンも，ある時期までは，卓越した成果を発揮した時期もあった。ただ，残念ながら，この価値観に反する行為が行われ会計不正に至った事実から考え，理想と現実の乖離が起こっていたこととなる。

②　ガバナンスと倫理

　本件の不正会計にSPEが介在している。エンロンとSPEの取引は，利益相反があり，取締役会承認事項であったにもかかわらず，それらの取引は承認されている。しかも17名の取締役中，15名が社外取締役であった。また財務報告書への非開示（簿外取引）の取扱いについても同取締役会は承認している。また，当時の外部監査人がエンロンの監査を行いながら，コンサルティング・サービ

スも提供するという実態があった。取締役会は，監査法人の独立性に関する十分な監視を怠ったと指摘されている。

　後日の調査によると，社外取締役の中に，エンロンから多額のコンサルタント料の支払を受けていた者や，エンロン子会社の取引先の取締役が就任していたこと，エンロンから寄付を受けている慈善団体の役員が兼任していたことなどから，取締役の独立性に関し疑問が投げかけられ，ガバナンス不全が指摘されている。

　また，エンロンの経営陣もSPE取引に関する情報を正確に報告しなかったこと，同取引のエンロン側担当者とSPE側担当者を人事上分離しなかったこと，さらに，エンロン経営者のストックオプション制度や粉飾が行われていた期間中に大量の自社株売却というインサイダー取引が存在したことなどが明らかになっている。破綻事例において確認されることが多い，ガバナンスの不全，経営管理の腐敗，脆弱な組織カルチャーなどの問題点が，エンロンにおいても存在したことになる。

③　企業文化

　フィンケルシュタインは，当時の同社の状況を次のとおり指摘する。特に，今日では，ERMの実効性を確保する際不可欠の要素となっている組織文化やインセンティブ制度に対し下記のとおり言及している。

　「エンロンにおける生き馬の目を抜く激しい社内競争は，あせった社員たちが悪事に手を染めかねない点で非常に危険だった。…CEOとCFO（は），非常に「脅迫的」で「傲慢」だった。…思わしくない会計評価や見通しは，隠すのが常だった。…エンロンは，改善方法や異なる現実認識を意図的に締め出し，現状を維持しようとする会社だった。成功を維持し，偉大さを飽くことなく追求するとの美名の下に，柔軟性のない不寛容な文化が育まれ，新しいアイディアは疎まれ，懸念は顧みられず，批判的な思考はすぐに解雇の原因になる。…顧客，消費者，投資家，従業員に対して，あらゆる背信行為がなされていた。その行為を支えていたのは，閉鎖的な社風であり，インセンティブ・システム

であり，暴走する社員たちであり，傲慢だった[7]。」

⑸　社会の受け止めおよびその影響

①　財務報告目的の内部統制の改革

　米国では，エンロン事件の後，アデルフィア・コミュニケーションズ，グローバル・クロッシング，インクローン・システムズ，タイコ・インターナショナルでも粉飾決算やインサイダー取引，経営者の不正報酬，会社財産の私的流用などの疑惑が表出した。

　さらに当時全米2位のワールド・コムが粉飾決算で破綻する事件が起こった。これら一連の事件は，企業活動の目的を「株主価値の最大化」に置き，社外取締役が株主の利益の観点から経営を監視するシステムを強化してきた米国のコーポレートガバナンス機能が十分機能していないことを物語るものと捉えられた。同時に，企業業績を開示する財務情報の信頼を失墜する事態と受け止められた。企業会計・財務諸表の信頼性を向上させるために，財務報告目的の内部統制にかかわる米国企業改革法[8]（通称USSOX法）が制定されるきっかけとなった。同法は企業に「最も重要な財務担当者と監査役あるいは主任会計担当者，同様の機能を扱う人物に適用される倫理規範を持つこと」を要求している。

②　健全な市場システムを維持する仕組みの再考

　弁護士，監査人，会計士，財務アナリストなど，ビジネス分野には重要な役割を担うプロフェッショナルが存在する。彼らは経済面において，ある意味「門番」，あるいは「監視人」としての役割を果たすことが期待されている。

　市場が健全な形で運営されるためには，市場のあるべき姿，すなわち，詐欺

7　シドニー・フィンケルシュタイン『名経営者が，なぜ失敗するのか?』（橋口寛監訳，酒井泰介訳，2004年，日経BP社），P.393〜394。
8　2002年7月に成立した連邦法。正式名称は，「上場企業会計改革および投資家保護法（Public Company Accounting Reform and Investor Protection Act of 2002）」である。

108

や欺瞞のない市場として機能するための諸条件（ルール）が遵守されていなければならない。これらの諸条件を市場で活動する者が遵守して行動しているかを監視する機能が必要となる。しかし，エンロン事件においては，これらの監視機能が十分果たせていなかった。

　プロフェッショナルは特定の分野において高い知識や専門性を有しているという点において，他の職業と区別される。これらの知識は公益に資するため，通常，公的な機関から認定されなければならない。それゆえ，プロフェッショナルは特定の法的あるいは社会的な特権を得るものと考えられている。同時に特定の義務も生じるものと考えられている。プロフェッショナルの義務や責任は，ときに一般的な内容に優先するケースがある。

　例えば，弁護士は依頼人の情報を隠すことで，人々が誤解したり欺かれたりすることになるとしても，そのようにする義務を負っている。また，依頼人が実際に犯罪を犯したことを知っていたとしても，その情報を当局に通報しないという義務も負っている。また，ジャーナリストは政府の機密情報を報道機関に漏らした人物を知っていたとしても，その内部告発者の名前を公表しない義務を負っている。医師は，患者の家族がその患者の病気について知りたいとしてもその情報を開示しないという義務を負っている。

　エンロン社はSPEをあたかも表面上別会社とした。その上で，合弁会社のために調達した資金は，エンロンの負債を返済するために使われた。つまり，エンロンの負債の返済を，SPEに転嫁したことになる。

　これらの行為を同社の会計事務所であったアーサー・アンダーセンがサポートしていたこととなる。アンダーセンは，当時監査業務だけでなく，コンサルティングやアドバイザリー業務も提供していた。結局，偏見のない監査報告を行う責任のある財務のプロフェッショナルがエンロンの財務のオフ・バランスシート化に加担していたことになる。つまり，プロフェッショナルの役割不全が介在していた。

　同様のことは，その後に起こった金融危機の引き金となったサブプライム

ローンについても見出せる。ここでサブプライムローンにおいて，当該ローンにかかわるリスク評価において果たした財務アナリストと格付け会社の役割を考えてみたい。

　不動産価格の上昇や21世紀の初め10年間世界的な資金余剰を背景に，住宅用貸付の条件を甘くしたサブプライムローンが登場し，不動産担保ローン取引の中に組み込まれていくことになる。住宅バブルが崩壊するとともにサブプライムローンに関連する巨大な金融取引は連鎖的に破綻していくこととなる。

　通常の不動産担保ローンは，銀行が貸出時にとる保守的なリスク軽減措置（ローン額に比し十分な担保額の確保，適切な自己資金の設定など）によって，リスクが少なく安定的な収入をもたらす運用方法と考えられている。大手金融機関や投資銀行は，多数の不動産担保ローンを購入し，それを１つにまとめることで投資用の証券（不動産担保証券）を作るようになった。同証券の発行にあたっては，格付け会社が，発行証券のリスクについて信用格付けを付与することが多いが，最高格付けがつけられることが一般的であった。

　ただ，貸出のやり方が変化すると，その結果不動産担保ローンのリスクも高くなり信用格付けも低下するはずであった。しかし実際の不動産担保証券の信用格付けは最高格付けのままであった。格付けが下がると，例えば，この証券を保有している金融機関の財務評価に影響を及ぼし，関係取引自体に変化が起きたはずであった。つまり，格付け会社や財務アナリストなどの役割が十分機能していれば市場自体の自己規律が働いた可能性があった。

　サブプライムローン事件には，多くの要因が絡んでいたが，プロフェッショナルの役割不全がその要因の１つであった，といえる。

3　環境リスクへの対応

(1)　環境保全

　企業活動と社会の関係で注目される環境問題について整理しておきたい。

110

環境問題が世界的に注目されるようになったのは，1972年に開催された第1
回国連人間環境会議（通称ストックホルム会議）がきっかけである。当時は各
国で公害が報告されはじめ，本会議に日本から水俣病の患者が出席し，水俣問
題[9]が世界に広く認知されるきっかけとなった。ここで中心テーマとなった公
害は，原因が特定しやすく，政府と国民にその意思があれば，問題を特定しや
すい局所的な問題であったといえる。

　1971年には，V.R.ポッターが，「バイオエシックス―未来への架け橋」で，
人類が生き残るための科学を提唱し，1972年には，ローマクラブがレポート
「成長の限界」で人口増加や環境汚染などの現在の傾向が続けば100年以内に地
球上の生長は限界に達することを指摘した。
　このような流れを受け，哲学，倫理学においても，地球規模の環境問題の影
響を受けることとなった。鬼頭秀一は，「1970年代における環境倫理思想の大
きな転換は，一般に，自然保護（conservation）から環境主義（environmental-
ism）というように簡単にまとめられる。その主要な思想的核心は「人間中心
主義」の脱却という一言でまとめられる[10]。」と説明している。

　1979年に世界気象機関により組織された第一回世界気象会議で，GHG濃度
の上昇などを原因とした人間活動に起因する気候変動に懸念が表明された。こ
のような流れを経て，1988年に気候変動に関する政府間パネル（Intergovern-
mental Panel on Climate Change：IPCC）が設立されている。また，国連の
動きとしては，1972年の「国連人間環境会議」（ストックホルム会議），1992年
の「国連環境開発会議」（リオ会議，地球サミット）で「気候変動枠組条約」

9　熊本県水俣地方で多発した原因不明の中枢神経疾患（水俣病）が最初に発見されたのは，
　1956年である。その後，最初の患者の発生は1953年であり，この病気の原因が，（株）チッ
　ソ（当時の新日本窒素（株））水俣工場が出した工場排水中に含まれていたメチル水銀であ
　ることが明らかとなった。
10　鬼頭秀一『自然保護を問いなおす―環境倫理とネットワーク』（1996年，ちくま新書），
　P.34。

が締結されている。1997年に京都議定書，2016年にパリ協定が結ばれた。

　また地球サミット以来，先住民の権利や生活と環境問題，さらに先住民の自然観などが注目され，「環境的公正」についても関心が高まっている。

　21世紀の国際的な枠組みとして「ミレニアム開発目標（Millennium Development Goals 2000〜2015年）が提示され，この中で，環境問題と福祉，貧困問題が統合された。しかし，MDGsは，途上国中心であったが，この後継として提示されたSDGsでは，「誰も取り残さない（No one left behind）」を掲げ，先進国および市場，企業がその担い手となっている。背景には，気候変動，生態系変容など環境リスクの増加とその顕在化による被害が，地政学的リスクだけでなく，市場，経済活動に大きな影響を及ぼす事実がある，といわれている。

⑵　リスク管理面からの考察

　中西準子は，環境リスクの定義について下記のとおり説明する。「リスクとは，「どうしても避けたいこと」の発生確率である。ここで，「どうしても避けたいこと」を共通にすれば共通の尺度ができる。だから，われわれは，どうしても避けたいこと（エンドポイント）を「人の死」と定義した。そして，死の確率，つまり「損失余命」（寿命の短縮）という単位で，発がんリスクも発がん性のない有機りん剤による中毒のリスクも水銀中毒のリスクも表現し，比較できるようにしたのである[11]。」

　同書の中で，中西は，環境リスクの捉え方を転換したと述べている。要約して紹介しておきたい。「環境リスクは人の健康への脅威であるという前提から，自然環境の破壊とし，エンドポイントとして，「生物種の絶滅」と設定した。具体的な課題に対して意見が対立することの多い自然環境保護問題ではあるが，未来への恐れ，将来の世代への問題として捉えて，例えば，生態リスクの大き

11　中西準子『環境リスク論―技術論からみた政策提言』（1995年，岩波書店），P.9。

さを比較することによって、その意見の食い違いが質の問題ではなく、量の問題であることを明らかにし、意見の違いを乗り越えて、調整する手段となる[12]。」

　環境被害の原因は多様である。また、被害の様相も様々である。ここでは、企業が関与した環境被害に関連する3つの事例を見ておきたい。環境被害が様々な形で起こり得ることと、その影響が非常に大きいことを確認する。

① 海洋汚染

　海洋汚染の問題は、環境問題の中の典型的事例の1つである。エクソン・ヴァルディーズ号事件（1989年3月）は、空前の環境破壊として衆目を集めた事件である。当時船長は、危険水域を航行中に、自動操縦に切り替え、持ち場を離れ、三等航海士に操舵させていた。その後、アラスカ、プリンス・ウィリアム海峡で座礁し、積荷の5,300万ガロンの原油の約20%にあたる1,100万ガロン（24万バレル）を流出させてしまった事故である。

　この事故はこれまで海上で発生した人為的環境破壊のうち最大級のものとみなされている。現場は、交通手段はヘリコプターと船のみの遠隔地であったため、政府も企業側も災害復旧対策に困難を極めた。この地域はサケ、ラッコ、アザラシ、海鳥の生息地であった。事故後まもなく死亡した野生動物の個体数は、各種の海鳥：25万〜50万羽、ラッコ：2,800〜5,000頭、カワウソ：約12頭、ゴマフアザラシ：300頭、ハゲワシ：250羽、シャチ：22頭、その他サケやニシンの卵の被害は甚大であった、と報告されている。

　また、エクソン社は、原油を除去するために1,500の船を使用し、12,000人が手作業で除去作業を行うなどして、この除去作業に20億ドル以上を費やした、という。原油が溜まったプリンス・ウィリアム湾は岩の多い入り江であったため、原油で汚れた岩を高圧の熱水で洗浄したが、岩に生息する微生物も吹き飛

12　中西、前掲注11、P.9〜14。

ばしてしまい生物の食物連鎖の一部が断たれたという。このように海洋生態系の被害は甚大となった。

これを契機に米国内では油濁防止に関する関心が高まり，アメリカ議会は1990年油濁法（Oil Pollution Act of 1990：OPA 90）を可決している。

②　シェル北海の海上プラットフォーム投棄事件

これは，北海にある老朽化したシェルの石油貯蔵施設（大型リグ，貯蔵タンク）であるブレント・スパー[13]の海洋投棄処理の是非をめぐって欧州で起こった事件も環境責任をめぐる事件として今後とも記憶教訓とすべき事故の1つと考えられている。

北海は，グレートブリテン島・スカンジナビア半島・ユトランド半島の間の約57万5千平方kmの海域のことで，ノルウェー周辺を除くほとんどが水深200m以下の大陸棚でできている。ドッガーバンクなどの浅堆もあり，タラ，ニシン，カレイなど豊かな漁場として知られている。

この海域で油田の掘削が本格的に始まったのは，1969年12月，イギリス領海でモントローズ油田が発見されたのを皮切りに，フォーティーズ，ブレント，ニニアンなど大型のフィールドが発見されていったことによる。その後，ノルウェー，デンマークなど他の国々へも拡大された。

事件の対象となったブレント・スパーは，1976年に完成されたシェル石油（Royal Dutch Shell）所有の施設で，海底109m，海上28mの高さ，鉄とコンクリートの総重量13,500トン，その上に1,000トンの付帯施設が搭載されていた。1991年10月，老朽化を理由に廃棄が決定，処理方法の検討が始まった。

13　シェル所有の北海の海上プラットフォーム（井桁）であるが，大部分は小型で使用済みとなった場合は陸上で処分されるが，大型のものは，北東大西洋の海洋環境保護のための国際条約のもとで，一定の手続に従って海洋投棄が認められている。シェルは，複数の選択肢を比較し，科学的根拠に基づき深海への海洋投棄が環境への影響を最小化する方法として決定した。

　1996年当時，130トンもの有害物質（カドミウム，水銀，銅，ニッケル，微量の放射性物質）を含んだまま北の沿岸に沈めることを計画し，これを英国政府が許可したことにグリーンピースが猛反発したのが発端となった。1994年既に貯蔵施設から石油は抜かれていたものの，設備の処理方法で折り合いがつかず，廃棄が発表されてから最終的に解決するまで１年以上を要した。グリーンピースは，陸上処分を主張し，海洋投棄反対運動を展開し，ヨーロッパで，消費者団体，労働組合，プロテスタント教会が連携し，シェルガソリンの不買運動に発展した。最終的にシェルは，いったん海洋投棄の中止を決定した。

　この時シェル石油と市民との間に入って問題解決に尽力したのがロンドンに本拠地を持つNGO（The Environment Council）であった。シェル石油から相談を受けて，ロンドン，コペンハーゲン，ロッテルダムで幾度も専門家によるシンポジウムを持ち，６つの解決策を提案，その中からシェル石油が選択したのが「ノルウェーにあるフェリー用埠頭の基礎部分として再利用する」という方法で，最初のシンポジウムは1996年11月に始まり，最終決定をシェル石油が発表したのが98年１月で，99年９月に最後のセミナーをもってこの議論は終結した。

　結局シェル石油は海中投棄をあきらめ，解体して別の目的に再利用する方針に変更した。当初予定のコスト１億２千万円を大幅に上回る14億円の出費となった。

　環境問題は，法律的枠組みや科学的検証だけでなく，感情論やマスコミ報道姿勢によって世論が影響を受けることも多い。本事件の後，シェルは経営方針の中に，投資の可否の決定には社会的問題，環境問題を考慮するよう変更している。そして，実際に途上国における問題含みのプロジェクトについては，モニターのため環境保護および人権擁護団体の参加を要請しその結果は公表するように変えている。

③　ラブ・キャナル環境汚染事件

ラブ・キャナル（Love Canal）事件は，アメリカで最も有名な公害事件である。1942年から1979年までの期間に，運河（ラブ・キャナル）建設跡地につくられた化学工場フッカー・ケミカル社によってなされた化学薬品の投棄が原因となり，廃棄物埋立地から漏れ出した有害化学物質によりニューヨーク州ナイアガラ・フォールズ市の郊外住宅地の住民が健康被害を受けた事件であり，危険な産業副産物を不道徳な考えで無責任に処分した悲劇として記憶にとどめられている。

1978年から80年にかけての活発化したラブ・キャナル地区の住民運動は，健康被害を訴え，州および連邦政府に対して集団移転を求めた。また運動は，マスメディアの注目をあび，連邦政府の環境政策にも影響を与えた。さらにラブ・キャナルの住民運動は，有害廃棄物埋立地がアメリカ各地に存在することを明らかにし，埋立地の近隣住民（その多くは労働者階級やマイノリティなど経済的・社会的に不利な立場にいる人々）による「環境正義」（Environmental justice）を求める社会運動が活発化する契機をつくった，といわれている。

ラブ・キャナルの現住民と以前の住民がフッカー社とナイアガラ・フォールズ市を訴えた。当時の法制下では，企業責任を問うことは難しかったが，同様に過去に投棄された有害物質による土壌・地下汚染が相次いで発覚していた。米国は1980年，直接関与したかどうかにかかわらず，過去の汚染についても企業の浄化責任を問うことができる「スーパーファンド法（包括的環境対処補償責任法）」を制定した。

(3)　企業と環境保全問題の関係

ビジネスと環境保全問題の関係について，トム・L.ビーチャムとノーマン・E.ボウイは，倫理との関係で次のように説明する。少し長いが重要なので要約して紹介する。

「環境を保護しつつお金をもうけることは，悪いこととはいえない。しかし

116

もし企業が，よい環境保護主義はビジネス上得策だという考え方を採用しているとするなら，それは環境倫理運動に危機をもたらすものと考えられる。…倫理的であることはときおり自分自身の利益より他者の利益を優先させるか，あるいは少なくとも同等に扱うことを求める。そしてこのことは，なすべき倫理や道徳的な正しさは，自己利益ではないことを意味し，道徳的に正しいこととビジネスにとって最善のこととは別ものであることを意味する。…われわれはビジネス倫理を推進すべきであるが，それは倫理がビジネス上得策だからではなく，すべてのものごとに倫理的な観点を採用する道徳的態度をとらなければならないからである。そして企業も例外ではない。他のすべての人間的努力と同じく，ビジネスにおいても，倫理的な行動のために費用をかける準備をしなければならないのである。…また，企業の道徳的責任の認識において，人間中心主義と生命中心主義の考え方には議論がある。人間にとって利益になるものが，他の自然物には利益とならない場合はたくさんある。例えば，素敵なコートのために豹を殺すことから，ゴルフコース建設のため森林を破壊することなどを考えるとわかりやすい。…ある企業が川を汚染したと仮定してみよう。現在の法体系の基礎となっている人間中心主義的観点からでは，川を使う人間に損害が生じた場合にのみ，問題を是正することができる。そうした損害への補償には，汚染の停止や川の復元が含まれることもあろうが，企業が損害を賠償して人々と和解し，その一方で川を汚染し続けるという場合もまたあり得るのである。人間中心主義は，そうすることが人間の利益となるかぎり，川を完全に復元する方法を全く提供しないといえる[14]。」

倫理学では，住居可能な環境という個人の権利は，人間的能力を充足するのに欠くことのできないものと考えられ，居住可能な環境の権利は未来の世代にも広がる現在の世代の道徳的義務と考えられている。

---

[14] トム・L.ビーチャム，ノーマン・E.ボウイ『企業倫理学2』（梅津光弘監訳，2001年，晃洋書房），P.66〜69。

「共有地の悲劇（Tragedy of the Commons）」という議論がある。これは，米生物学者，ギャレット・ハーディンが1968年にサイエンス誌に「The Tragedy of the Commons」という論文を発表したことで一般に広く認知されるようになったものである。多数者が利用できる共有資源が乱獲されることによって資源の枯渇を招いてしまうという経済学における概念のことである。

　これは，共有地の牧草地に放牧の動物の数を増やそうとした場合，増やすことによって受ける利益と，増やすことによって過放牧のために生じたマイナスの影響を比較した場合，前者は全て自分の利益になるのに対し，後者の被った不利益は共有地の飼育者全員に配分され，その損失負担は軽減される。したがって，飼育者の功利主義的な利益追求の行動（個人の利益を極大化しようとする振舞い）は悲劇を生むことを示したものである。このように個人の自由の追求と社会全体における環境の適正な享受とは矛盾する。したがって，地球全体の問題は，社会を構成する個人の欲望や自由をある程度制限することを認める必要があるといった論点を生むこととなる。

　この論議は，ある意味，経済学の「見えざる手」に対する反証ともいえる。つまり，土地の許容範囲を超えた場合，見えざる手により功利主義を実現し，最大多数の効用に導くといった効果が期待できないことを意味するからである。自然や生態系のサービスは無尽蔵ではなく，ある負担能力（Carrying capacity）を超えたとき，これまでわれわれに提供してくれていた従来のサービスを受け取れなくなる。つまり，われわれは，その限界を超えた以降は同様の恩恵に預かることはできなくなる。

　各個人の利己的な行動が見えざる手に導かれて功利主義が実現することにはならない事例である。もし現世代がこの自然や生態系の資源を消費してしまうと次世代の人々が同様のサービスを使えなくなるので，負担能力を維持できる水準を維持できるよう環境保全をするといった行動が倫理的視点から必要とされる。今日，地球温暖化に対して緩和策を実施しなければならない理由は，こ

118

のまま現世代が経済活動を続けていくと将来の世代が被ることになる物理的リスクを軽減するために，倫理的観点から必要な行動であると整理できる。

　環境倫理学における環境問題の前提となる自然の価値について考え方を整理しておきたい。従来は人間が利用するという観点からの価値づけ（「使用価値（Instrumental values）」）が行われるといった人間中心的な価値であった。その後，レクリエーション上の価値であるとか，人間が過度に手を加える自然からしっぺ返しを受けることも含め，畏敬や驚嘆の対象とした自然の持つ「内在的価値（Inherent values）」の考え方が出てきた。内在的価値も，直接の利用という観点からは離れるものの，人間が介在するところで価値が語られている。その意味では，使用価値，内在的価値も功利主義的価値が基礎になっている，と整理される。
　一方，自然の価値を人間のみでなく，人間以外の生物，無生物も含めた関係性の中で価値を認める「本質的価値（Intrinsic values）」という考え方がある。
　自然保全（Conservation）が人間中心的な価値を根拠にしているのに対し，自然保存（Preservation）の考え方の根拠になるのは，本質的価値といえる[15]。

　吉永明弘は，近年のアメリカの環境倫理学には，法的な制度に積極的に関わっていこうという姿勢が顕著に見られる[16]，と指摘する。また，環境倫理が，社会における価値判断と価値決定に大きくかかわる証拠の１つとして，2011年の福島第一原発事故の衝撃を受けて，ドイツのメルケル政権が，「安全なエネルギー供給に関する倫理委員会」の提言によって，2022年までに全ての国内の原発停止を決定した事実を挙げている。

15　自然の価値に関する流れについては，鬼頭，前掲注10，P.102に詳しい。
16　吉永明弘「序章　本書が取り組む三つの課題」P.5, 6, 吉永明弘, 福永真弓編著『未来の環境倫理学』（2018年，勁草書房），序章。

4　自然災害への対応

(1)　自然災害の特徴

　2019年の自然災害による世界の保険損害額は520億ドル（約5兆7,000億円）。日本を襲った台風19号が世界最大の損害額（80億ドル），それに次ぐ損害が，台風15号（70億ドル）であった。

　自然災害によって建築物や施設等の物的損失が発生すると，企業にとっては，工場の業務停止，事業損失や従業員の生命の喪失などが広範囲に及ぶこととなる。また，社会生活においても，道路，鉄道，上下水道，電力，通信などのネットワーク状のライフライン施設が破壊され，都市は機能停止となり，生活が困窮する。これに加え，物だけでなく，人命喪失，負傷，あるいは家族や家を失ったことに起因する心の病，自信喪失など様々な社会的影響も大きい。

　このような巨大災害は，その発生がランダムで，再現期間は長いので，「災害は忘れたときにやってくる」[17]という名言が示すとおり，自然災害への対応には，「時間軸」という問題を無視できない。

　自然災害は地域性が強い。特に日本の地形は，4枚のプレートがせめぎ合う

---

[17]　自然災害とは異なるが，は，共通点をもったものとして，経済行動，投資行動が引き起こすバブルの崩壊や経済・金融危機も，リスク管理上共通点をもっている。つまり，リスクへの対処の視点から見ると，発生頻度は小さいながら，発生すると極めて大きな損害となるからである（フットテイルのリスクと呼ばれる）。
　ケネス・S・ロゴフとカーメン・M・ラインハート（Reinhart, C. M. & Rogoff, K. S.）は，金融危機の長期データベースを公開し，過去の多数の金融危機は驚くほど似通っており，これはいつか来た道だと指摘しているが，そのたびに，「今回は違う」という言葉が繰り返されてきた（「今回は違うシンドローム」），と説明する（ケネス・S・ロゴフ，カーメン・M・ラインハート『国家は破綻する─金融危機の800年』（村井章子訳，2011年，日経BP社））。

120

特殊な場所にある。そのプレートの動きで盛り上がった山脈に湿った空気が当たって上昇気流を作り，雨を降らせる。また，川は短く急勾配で流れが速い。山の多い地形で平野は限定され，そこに人口が集中されやすい。そのため，洪水の多くの氾濫原となっている。

　洪水はこれまで日本で大規模な災害を引き起こしてきた。1947年のカスリーン台風では，利根川や荒川の堤防が決壊し，氾濫による浸水面積は約440km^{2}にも及んだ。浸水深は2ｍ以上となったところも多く，低地部では十数日間も浸水した。死者1,077人，行方不明者853人の被害が出た。

　1959年の伊勢湾台風高潮災害では，伊勢湾周辺の海岸，河川堤防が決壊し，名古屋市南部，木曽三川下流デルタ地帯が長期間浸水し，台風災害としては明治以降最多の死者・行方不明者5,098人に及ぶ被害が生じた。被害拡大の原因として流木による破壊という特徴があった。

　日本の河川の特徴は，列島中央部の山地から海に向かって急勾配の河川が多く，河床勾配が急である。その結果，流砂量が多く，洪水波の変形が生じたり，中小河川の洪水位上昇速度は速く，洪水継続時間は短い，といった特徴がある。日本では大河川でも洪水の期間は3日程度であるが，アメリカ，ミシシッピ川などの大陸河川は流域面積が広いため，洪水は2～3か月継続することがある。また，蒸発散量の割合についても，日本が総降水量の3分の1であるのに対し，米国では3分の2になる[18]。

(2)　東日本大震災の検証

　2011年3月11日14時46分に発生した東日本大震災は，三陸沖を震源とする海溝型地震とそれに伴う巨大な津波によって引き起こされた震災であった。その特徴は次の3点に整理される。①地震，津波被害ばかりではなく，原子力発電所事故等を引き起こした複合災害となったこと。②政府の地震調査研究推進本

18　末次忠司『技術者に必要な河川災害，地形の知識』(2019年，鹿島出版会)，P.10。

部の予想を大きく上回る地震と津波が現実に発生したこと。③多重防護により事故は防げると喧伝されていた原子力発電所の安全神話が崩壊したこと。

　東日本大震災が引き起こした地震の大きさは，中央防災会議が想定していなかったものである。しかし，より長い歴史の中で地震の記録を探ると，遠い昔の堆積物の痕跡調査からその発生の可能性が明らかになっている。

①　リスク評価における課題

　一般に財物にかかわる災害リスクについては，「ハザード」「脆弱性」「曝露」の3要素を考慮して評価する（**図表Ⅲ－2**）。ハザードは災害を引き起こす外部の力であり，地震動や津波がこれに当たる。脆弱性としては耐震性の低い建物，インフラへの過度な依存などが想定される。曝露は，実際に災害が発

図表Ⅲ－2　**リスクの3要素**

リスク評価においては，ハザード，曝露，脆弱性の3つの要素の大小が確認される。	ハザードとは，被害の発生可能性を変化させる危険事情を指す。例えば，極端に暑い日，強い台風，豪雨の頻度などを指す。	曝露は，ハザードの大きな場所に存在する人や財産の存在の大きさを指す。脆弱性はハザードに対する感受性の高さや適応能力の低さを指す。

リスク評価の概念図(自然災害の場合)

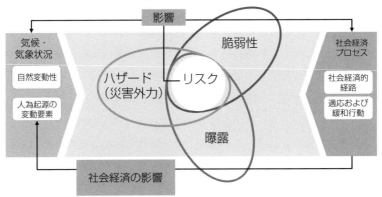

生した地域に所在する財物の価値のことである。

　第Ⅱ章で述べたとおり，リスク管理において，リスクに関する知見の集大成としてリスク評価モデルが作られる。自然災害についても，これまで，米国の地震，ハリケーン，欧州の強風，日本の台風，地震など，代表的な自然災害についてモデル開発が進められてきた。1988年のハリケーン・ギルバート，1989年のハリケーン・ヒューゴとロマプリータ地震などの発生後，1980年代後半以降に，現在存在する代表的な３つのモデル開発会社が立ち上がっている。その後，1992年のハリケーン・アンドリューといった巨大災害発生の度にデータが収集され分析され，新たな知見がモデルに組み込まれ改良され今日に至っている。

　モデルを用いた確率論的アプローチは，一定の前提の下で，損害を推定できることや，例えば台風の経路がずれた場合の予測分析も可能なことから，保険会社，格付け会社，規制当局などが予想損失を評価する際の手段として活用している。1990年代半ば頃からは，債権のリスクを評価したい投資家がキャット・ボンドといった金融商品の評価にも活用するようになり，金融市場においてもモデルが普及することとなった。

　自然災害リスク評価モデルは，複雑でランダム性を有する物理現象を表現するものであり，その信頼性も，地震や台風などの複雑な自然物理現象や，建物等の財物への影響の理解に大きく依存し，これらが未だすべて解明されているわけではない。しかし，観測技術やコンピュータ計算技術の進歩にも助けられ，関連情報や知識を蓄積する中で精緻化されてきた。

　現在，自然災害リスク評価モデルは，自然災害の外因の強度を評価するハザードモジュールと，各イベントの各地点における物理的損害を評価する脆弱性モジュールで構成されている。その上で，各種実務的評価の条件（例えば，保険引受条件）下で，評価するためのファイナンシャル・モジュールが用意されている（**図表Ⅲ－３**参照）。

図表Ⅲ-3　自然災害リスク評価モデルの構造

自然災害リスクを客観的に評価するためリスクモデルが開発されているが，自然災害には不確実性が伴い科学的にも未解明の部分も多く，モデルには一定の限界がある。

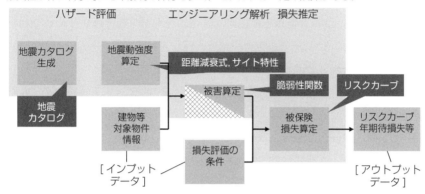

しかし，仮に合理的なモデルであったとしても，地震のように，極めて稀なイベント（例えば巨大地震は，500〜2,000年に1度，といった頻度で発生する）は，利用できるデータが十分存在しないといった限界もあり，さらに精緻化すべく努力が重ねられている。例えば，日本の地震で史料上最古のものは，「日本書記」に記録された約1,600年前に発生した1件の地震のみであることからもわかるように当該危険の再現期間からみたときのデータ不足は明らかである。

②　防災上の観点からの考察

東日本大震災の前に中央防災会議[19]が明治三陸モデルで想定していた被害は，

19　日本では，1990年から91年の湾岸危機への対応，1995年の阪神・淡路大震災において国の対応がうまくいかなかったという反省を踏まえて，2001年の中央省庁等改革が実施された。その目的は，内閣機能強化のため，日本社会に存在するすべての組織，団体を，内閣，官邸，政権が一元的に統制・動員するための方策を組織化していくことである。
　　官邸主導で政権運営を進めていくとき，内閣，首相を助ける「知恵の場」としての内閣府の機能を十分果たすため，「重要政策会議」が位置づけられている。
　　中央防災会議は，経済財政諮問会議や総合科学技術・イノベーション会議と同様，重要政策会議のうちの1つである。

マグニチュード(M)8.6の地震で，浸水面積は約270平方キロメートル。死者行方不明者は約2,700人，建物全壊は約9,400棟であった。実際の東日本大震災では，M9.0の地震が発生[20]した。その結果引き起こされた津波で浸水面積は約561平方キロメートルと倍以上に広がり，死者行方不明者は約2万人で約7.4倍，全壊建物では11万3,300棟で想定の約12倍という甚大な被害をもたらした。

　防災を考えた場合の課題は次のとおりである。

　社会心理学では，津波情報と避難行動の関係について，災害情報のダブルバインドという視点を指摘している[21]。例えば市役所から発令させた津波避難情報の中には，避難行動を阻む次の隠されたメッセージがあり，避難行動を阻害しているという。①避難は勧告が出てからやるものであるという，情報待ちの姿勢を容認する。②役所には，情報を発信する役割があり，住民は，それを受け避難を実行するのが役割であるという，過保護と過依存の関係性を強める。③情報は，避難マニュアルのとおり出されており，疑いの余地はないという押し付けを強要する。④避難勧告に従わずに被災した場合，自己責任の原則にしたがって，責任は住民にあるという考え方を期待する。判断を誤ると行動も誤り，最悪の場合は命を失う。

　そうならないための情報の課題は，次のとおりである。

　①津波防波堤などによるハード防災の限界の広報不足，②情報依存型になるといったことも含め，津波警報などのソフト防災の限界の広報不足，③直後の

20　20世紀以降起きた巨大地震としては，1960年のチリ（M9.5），1964年の米アラスカ（M9.2），2004年のインドネシア・スマトラ（M9.1）に次ぎ，1952年のカムチャッカ（M9.0）と並ぶ世界4番目の大きさであった。

21　鎌田浩毅は，避難指示のメッセージには，裏に隠れたメッセージ（メタ・メッセージと呼ぶ）が存在し，この表と裏のメッセージが二律背反によって機能不全を起こしお互いを束縛する現象（ダブルバインド）が生じる場合がある，と指摘する。緊急地震速報が出て実際に揺れを感じないことを経験すると，緊急速報の空振りが生じ，いわゆる狼少年状態が生じ，地震への警戒が薄れてしまう。その結果専門家に空振りを恐れ，緊急速報の見逃しを回避するという本来の機能を果たせなくなる恐れが生ずる。一方，専門家の情報をいつでも正しい判断だと市民が過依存する関係も危険な状況であり，いずれも自然災害に対して脆弱な社会を作ってしまう，と指摘している（鎌田浩毅『生き抜くための地震学』（2013年，ちくま新書），P.198〜201）。

救援作業の地域的な粗密など広域津波災害に対する知識の欠如，④津波の襲来による突然の地下空間や地下鉄における浸水の危険性など都市型津波災害への想像力不足，⑤地震により市街地で発生した火災や漏洩した石油類の津波による拡散といった延焼危険性に対する理解不足，などである。

⑶　東日本大震災の教訓（リスク評価の見直し）

　東日本大震災後に中央防災会議におかれた「東北地方太平洋沖地震を教訓とした地震・津波対策に関する専門調査会」の活動の中で，防災に対する考え方が抜本的に見直された。この内容は，2011年9月28日の最終報告の中で明示されている。

　報告書ではまず，今回の東日本大震災が，過去数百年間の資料では確認できない日本海溝の複数の震源域が連動したものだったことを指摘し，「過去数百年間に経験してきた地震・津波を前提に，日本海溝の地震・津波を想定した従前の想定手法」には限界があったことを認め，従前の想定手法では，「過去に繰り返し発生し，近い将来同様の地震が発生する可能性が高く，切迫性が高い地震・津波」を対象にした。具体的には，過去数百年間の最大級の地震のうち，切迫性の高い地震について，これまで記録されている震度と津波高などを再現できる震源モデルを考え，これを「次に起きる最大級の地震」として想定した。その場合，過去に発生していても，震度や津波高を再現できない地震は発生の確度が低いとみなし，想定の対象外にしてきた。今回でいえば，貞観地震（869年）がそれにあたる。報告書は，こうして震源モデルを再現できない地震についても検討し，「確からしさが低くても，地震・津波被害が圧倒的に大きかったと考えられる歴史地震については，十分考慮する必要がある」と結論づけた。
　そして，「自然現象は大きな不確実性を伴うものであり，想定には一定の限界があることを十分周知することが必要」と述べ，「地震は予測できる」という従来の姿勢を戒めた。その上で，報告書は，従来の手法に加え，古文書や津

波堆積物などを広く調査し，「あらゆる可能性を考慮した最大クラスの巨大な
地震・津波を検討していくべきである」と述べた。さらに，防災対策を検討す
るにあたって，施設整備が現実的に困難でも，ためらうことなく地震・津波を
想定すべきだとしている。

　防災の失敗が人為的リスクの側面を有するのは，このように不確実性に対す
るリスク評価のスタンスが防災の考え方を変えてしまう恐れがあることからも
わかる。実際本報告書の後，2012年１月30日に消防審議会が，消防本部，消防
団，自主防災組織などの充実による消防防災体制の整備を目指す「東日本大震
災を踏まえた今後の消防防災体制のあり方について」を答申している。また，
2012年３月には，内閣府の検討会が，東海，東南海，南海地震が，東日本大震
災の巨大地震であった場合，M9.1という想定の下，それに伴う津波予測を発
表した。高知県黒潮町で34.4メートルという最大の津波が予測された結果に日
本中が衝撃を受けた。さらに，2013年５月に出された内閣府の有識者検討会の
報告では，南海トラフ巨大地震について，地震の予知は困難とし，都道府県の
枠を超えた広域の防災対策を提言した。防災のスタンスが大きく変化した。つ
まり，予知や予測に頼る防災の限界を確認し，事前の備えにより，減災に重き
をおくスタンスに移行した。

　防災効果についても正しい認識が必要である。この誤解が，実際の避難行動
に大きな影響を及ぼすこととなるためである。明治，昭和と２度の三陸大津波
に襲われた岩手県宮古市では，1958年，総延長1,350メートル，海面から高さ
10メートルという大規模な防波堤が完成した。1969年には家屋と海の間に防潮
堤が作られ，2010年には，さらに海側に総延長2,433メートルの防潮堤が作ら
れた。しかし，東日本大震災の津波で，この防潮堤は，破壊された[22]。

　地震調査研究推進本部の調査観測計画に基づいて，2012年までに，全国で
110の断層帯で調査が行われた。活断層の位置，活動履歴，地震発生確率など
を調べて，長期評価として発表している。活断層帯の地下では，一般に数千年
に一度の頻度で大地震が起こって岩盤がずれる。われわれがわれわれの時間軸
で，「歴史的に地震がなかったからここでは地震が起こらない」，というのは地

震自体の時間軸から判断すると，全く危険な常識だともいえるわけである。

⑷　避難行動と倫理学的検証

　東日本大震災において，釜石市の小中学生約2,900名がほぼ全員生き残ることができた。これに，2005年から始められた防災教育が効果的であったと言われており，その代表的な教えとして，「津波てんでんこ」があったと言われている。これは，「津波が来たら，家族や他人のことは気にせず，高台に逃げよ」とする行動指針である。この指針は，称賛されたが，倫理的観点から，利己主義的ではないか，死の危機に際して人を助けようとするのは人間の本性であり，心理的に困難ではないか，といった2つの批判があった。

　児玉聡は，「津波てんでんこ」について，防災時の倫理という視点から検討している[23]。参考になるので，以下要約して紹介する。

　津波災害においては，家族が他の家族を探したり，自宅に戻ったりして，すぐに避難しなかった結果，共倒れとなる問題がある。第一の批判に対しては，この指針は，この共倒れを避けるための教えと考えられ，他人の利益を無視して個人の利益の最大化を目指す利己主義ではなく，できるだけ多くの命を救うことを目的とした功利的な考えだと解釈できる，と整理している。また，現実に防災教育の最後に，生徒たちは，母親に「僕たちはぜったいに逃げる。だからお母さんも逃げて」と伝え，両親とよく議論するように教わっていることを紹介し，この指針において，みなの間で信頼関係を築くことが大切であると指摘している。そして，困った人を助けるのが仕事であるような職業にある人び

22　釜石市ではギネスブックに載るような世界一の巨大な堤防を作ったが，東日本大震災で崩壊された。しかしながら，この堤防があったため，津波の到達を遅らせたのは事実で，そのことによって多くの人命を救ったこととなる。その一方で，堤防を過信するあまり，逃げずに犠牲になった人も大勢いたのも事実である。つまり，防災施設の提供する安全効果は，その想定している防災効果を十分正確に理解して適切にとるべき行動について判断しなければならない。

23　児玉聡『実践倫理学』（2020年，勁草書房），P.216～230。

とには，専門的観点を踏まえぎりぎりの判断が必要となり，異なる教えを作成する必要がある，と述べている。また，第二の論点については，非常に難しい問題で簡単には答えられない問題ともいえ最終的に決めるのは本人かもしれないが，としつつも，「子どもを見捨てて自分だけが生き残るくらいなら，自分も死んだ方がまし」という理由で死ぬ可能性の高い行動を是認することは自殺や安楽死の議論とつながる問題となる，とコメントしている。

(5) 緊急事態対応における企業倫理と文化

　デジャルダンは，米国の2つの政府組織の文化の違いとその対応例について，説明している。2つの機関で奨励され強化されている態度，期待，習慣は，それぞれの文化の差異を表しており参考になる。抜粋して紹介する。

　「一つは，連邦緊急事態管理庁（FEMA）のハリケーン・カトリーナで，緊急対応に対して，多くの規則と手続きがあり，かつ権限者の承認なくしては現場対応ができないこととなっていた。現実の事態に対して，意思決定者に情報があがっていなかったり，下位の管理者には意思決定権限が与えられていなかったため，ハリケーン時において，緊急要員の派遣，家を失い，食料，医療物資などの不足に陥った避難民に対する応急対応が遅れた事例である。

　また，もう一つは，米国沿岸警備隊で，緊急事態の発生時に捜索と救出を行う機能を有していて，FEMAと同様の使命と規則を持ち，同じ法律の規制下にある組織ではあるが，沿岸警備隊は官僚的傾向の薄い組織として知られており，彼らのモットーは，「救出が先，許可は後」であった。実際，最前線の隊員に，上司の判断あるいは指示を待つことなく問題を解決できる権限が委譲されていた。その後，FEMA長官は解任され，その後任として，沿岸警備隊長官が着任した[24]。」

24　ジョゼフ・R.デジャルダン『ビジネス倫理学入門』（文京学院大学グローバル・カリキュラム研究会訳，2014年，文京学院大学総合研究所），P.81, 82。

経営が直面する3大脅威の特徴

第Ⅳ章では，移行社会に向けて企業が直面している重要なリスクについて検討します。ここでは，サイバーリスク，気候変動リスク，新型コロナウイルス・パンデミックの3つの脅威を取り上げます。企業にとって，これまで経験してきたリスクとは異なっており，従来の処方箋を適用することはできません。しかし，何らかの行動を起こす必要があります。

本章では，これまで企業が経験してきたリスクと何が違うのか，といった観点から検討をスタートし，これらのリスクに共通している点について考えていきます。移行社会に向かって今後企業として様々なレジリエンスを備えていく必要がありますが，そのきっかけになると考えるからです。移行社会における新たなリスクとして，社会に大きな影響を及ぼすシステミックリスクについて考えていかなければなりません。

企業の存続，持続的成長を考えた場合，このようなシステミックリスクに対応する経営革新が不可欠になるものと考えられます。

処方箋がある世界ではありませんが今，問題意識を持って，検討を進めていく必要があります。

1　リスク社会の進展と３大脅威

　産業革命以降の化石燃料を多用したエネルギー革命による経済成長の陰で温暖化が進行した。それを緩和するためCO_2排出を抑制するとともに，温暖化により慢性，急性で変化する自然現象への適応策の強化が求められている。

　デジタル革命が進展し，サイバー層と物理層を高度に融合させたビジネス・エコシステムが形成されている。企業のサービス，消費者の行動は，サイバー空間の利用なしには考えられなくなっている。しかし同時に，サイバー攻撃によるセキュリティへの脅威にさらされている。

　人間の体内で変化しながら生き続ける新型コロナウイルスによる新たなパンデミックが，世界中で猛威を奮っている。これまで普通と考えられていた行動様式の変革が求められ，ビジネスモデル革新への模索が始っている。

　社会が複雑化し専門知が高度化する中，コロナ禍，原発問題，気候変動問題などが発生した。いかに専門知の利用と市民社会との折り合いをつけていくかは重要な問題となる。伊藤健二はインタビューに答え，次のとおり指摘している。参考になるので抜粋して引用する。

　「戦後の科学史を踏まえると，専門家の助言に従うだけでも，民主主義で決めるだけでもいけない。専門知と市民社会の折り合いをつけようとする「第三の波」と呼ばれる議論が続いている。科学的進歩を絶対視する「第一の波」に対し，核兵器や公害など科学と技術のゆがんだ発展の弊害をふまえ，科学に対する市民社会の関与を重視したのが「第二の波」。これからの議論に続く「第三の波」は，市民が科学に参加すればするほど良いとするのは行きすぎで，専門知の尊重と手続き面での正統性を両立させ，専門知と民主主義のバランスをとる必要がある。人文，社会科学を含む幅広い分野の専門家との議論や市民社会の合意形成が必要になる[1]。」

132

　パラダイムがシフトする中，企業はあるべき姿・行動の再定義をしなければならない。同時に新たに発生する不確実性（あるいは脅威）に対する準備が必要である。本章では，今後の移行社会に向けた新たなリスクとして，サイバーリスク，気候変動リスク，感染症パンデミックリスクといった3つの脅威を取り上げることによって今後のリスク社会の特徴を明らかにする。検討にあたっては，社会学で提示された「リスク社会」の視点と2007〜08年に発生したグローバル金融危機の教訓から導入された規制強化の方向性についても参考にする。

　「リスク社会」は，第Ⅱ章で説明したとおり，産業社会がもたらす負の側面（環境汚染や放射線被爆，遺伝子組換など）や科学・技術によってもたらされるリスクへの警告を発した概念である。ウルリッヒ・ベックの主張するリスク社会の特徴は，当事者みずからが未来の損害可能性を引き受けることを決めることができず，われわれが偶然に生まれ落ちた社会に，科学・技術の発展の中から生まれたリスクがあらかじめ構造化されていることから，リスクを受動的に引き受けざるを得ないこととなっている点にある。

　今回検討の対象に選んだ3大脅威のうち，サイバーリスクと気候変動リスクは，いずれも科学・技術の発展から生まれた直接のリスクと考えられる。また，新型コロナウイルスも未だ解明されていない点も多いが，これまで経験した感染症のケースで，社会や経済の発展にともないこれまで接点のなかった生態系との接触がきっかけになることもある[2]ことから，科学・技術の発展が直接引き起こしたものではないものの，経済発展，人口増加を伴った間接的な影響を否定できない。いずれにしても，人々にとってはリスクを受動的に引き受けざるを得ないケースであることから，これらはベックの提示するリスク社会に該

1　2021年4月30日，朝日新聞，「学術会議の論点　職者に聞く」より。
2　新型コロナウイルスの感染源はコウモリという説もある。昼行性のゴリラは普段は夜行性のコウモリと出会わないが，森林の伐採で樹木が減り，ゴリラが寝ている木にコウモリがやってきて接触した。感染したゴリラに森のハンターたちが接触したことで人間にも感染が広がった。人口増加，グローバル経済の浸透で，こうした自然の大規模な改変は地球の至る所で起こっている。

当する新たなリスクとみることができよう。

　ここで，経済学における「不確実性下の意思決定」について改めて整理しておきたい。経済人の合理的意思決定の枠組みとして，期待効用理論[3]が提示される。経済学では，人は不確実性（ビジネスチャンス）に直面してどう対処するかを検討するとき，将来どのように帰着するかについての道筋を想定しその結果がもたらす自身の満足度（効用）を評価して行動するものと考えている。リスクに対する選好として，回避，探求，中立の3つのパターンが考えられると整理されている。

　これら3つのパターンにおける現実的行動について考えてみたい。リスク回避型の場合は，不確実性に対する不安感から何らかの行動にでることができず，いたずらに時間が経過して事態の悪化を招く危険も想定される。また，リスク探求型の場合は，参考にすべき情報の不足からあまりにも主観に頼りすぎた意思決定を下してしまい，身の丈に不相応なリスクを背負い込む危険がある。リスク中立型の場合は，情報の不足からリスク，リターンのバランスを判断する材料の不足から，思考停止に陥り，結果回避型か探求型のどちらかの方向に接近する可能性も想定される。

　また実証分析から導き出した行動経済学の知見（例えば，プロスペクト理論[4]）によれば，将来の不確実性に対する主観的確率や価値判断の特性は，伝統的な経済学が想定しているより複雑で，絶対値に影響を受けるものではなく，現在置かれた状況（参照点）を基準とした相対的な変化に大きく影響を受けるという。その参照点からゲインの方向なのか，ロスの方向なのかによっても価値判断とその影響の大きさを含め異なる傾向があるという。このように，不確

3　期待効用理論（Expected Utility Theory）とは，不確実性を伴う意思決定において，その選択肢に対する選好関係が，効用の期待値（期待効用）の大きさにより決定されるとする意思決定理論である。
4　プロスペクト理論とは，人々が確率を伴う選択肢の間でどのように意思決定をするかを記述するものであり，現実には期待効用理論のとおりにはならない状況について説明している。

実性に対するわれわれの実際の意思決定は，繊細である。

2　3大脅威の特徴

(1)　サイバーリスクの特徴

①　デジタル革命と新たなリスク

インターネットによる情報のオープン化により，個人も企業も膨大な情報にアクセスできるようになった。そして，社会のすみずみまで設置されたセンサーからの画像や音声データによって，これまでわれわれが感覚的に捉えきれていないものまでもが可視化されるようになった。こうしたビッグデータが人工知能（Artificial Intelligence: AI）によって分析され，新たな情報や知識が生み出され，循環され，蓄積され，ビジネスに利用されるという形で第4次産業革命が進展している。

AI，ロボット，ウェアラブルといった技術の活用，ブロックチェーンなどを活用した新たな金融サービス（FinTech）が出現するとともに，物のインターネット（Internet of Things: IoT）の進展，リアルタイムでのビッグデータを活用した新たなマーケティングやサービス提供が可能となった。

シュンペーターは，『経済発展の理論』の中で，モノやコトの価値ある「新しい結びつき方」を新機軸＝イノベーションと定義した。そして，この新しい結合が生じることで，旧来のつながりや慣行が壊される，「創造的破壊」が起こる，と説明している。

ネット社会が持つ利便性の陰で，新たなリスクも進展している。これは，ネット社会が，不特定多数の匿名の人々が集まり，人間の本質が現れやすく，相互の信頼関係の基盤が欠落しやすい傾向があるためである。これまでの社会のように構成員の個別性が明確な共同体社会における関係とは異なり，これま

で形成されてきた道徳や義務，信頼関係が必ずしも通用しない異なる環境におけるルールを模索しなければならない。

　さらに，ネット社会が生み出した膨大な情報価値に対する攻撃という新たなリスクにも直面している。サイバー攻撃が事業やサービスの継続を阻害したり，個人情報の流出による被害，身代金ウイルスによる重要情報への利用障害により病院などのサービスが中断される被害が拡大している。

　サイバー攻撃による生活の基本インフラへの支障は後を絶たない。2021年5月に起こった米国の石油パイプラインへのサイバー攻撃もその1例である。サイバー攻撃を受けたのは，メキシコ湾岸からニューヨーク湾まで5,500マイル（約8.800キロ）以上のパイプラインを運営している会社で，ガソリンなど東海岸で消費される燃料の45%がこのパイプラインで運ばれているというので，その影響は膨大である。攻撃はハッカー集団によるもので，ランサムウエア（身代金ウイルス）を使ったもの[5]であった，という。この攻撃により一部のシステムをオフライン化した影響で主要ラインが停止した，と報道された。石油製品の備蓄はあるが，停止が長引けば生活や産業への影響が広がりかねない状況にあった。その後，報道によると，ハッカーへ身代金440万ドル（約4.8億円）を支払った模様で，パイプラインは，操業を再開したと発表されている。この事件を受け，バイデン大統領は，ITサービス業者へのサイバー被害情報の政府への提供強化と連邦政府のサイバーセキュリティ基準の強化方針を出したと伝えられた。

　英国の保険市場であるロイズは，2018年1月に公表したレポート[6]で，クラ

5　身代金を払えばシステムを正常に復帰させるが，応じなければ流出した情報を公開する
　手段である。
6　Lloyd's Emerging Risk Report 2018 "Cloud Down Impacts on the US economy" https://
　www.lloyds.com/〜/media/files/news-and-insight/2018/cloud-down/aircyberlloydspublic20
　18final.pdfより，入手可能。

ウドサービス停止（Cloud downtime scenario）について，米国経済への影響
（企業活動（e-commerce, e-shipment）の制限から生じる逸失損害）と，保険
損害について，停止期間分けをして（Large：0.5～1日，Extreme：3～6日，
Very extreme: 5.5～11日），期待値と95％信頼水準の数値を幅で算出している。

　クラウドサービスを提供する上位会社がサービスを停止した場合には，米国
経済は15兆ドルの影響を受けるとの結論となっている。

　本分析結果の一部を要約すると次のとおりである。

● クラウドサービスを提供する上位3社（アマゾン，マイクロソフト，グーグ
ル）のうち1社が3ないし6日間停止した場合の米国経済への影響として，
6.9兆ドル～14.7兆ドルの経済損害，1.5兆ドル～2.8兆ドルの保険損害が見込
まれる。また，第10～15位規模のクラウドサービス提供会社の場合には，1.1
兆ドル～2.1兆ドルの経済損害，0.22兆ドル～0.45兆ドルの保険損害が見込ま
れる。

● この経済損害および保険損害について，フォーチュン1,000社の占める割合
はそれぞれ37％，43％である。この数値から，中小企業がクラウドサービス
により大きく依存している傾向があるものの，中小企業の付保率あるいは保
険金額は低いことがわかる。

● 経済損害の業種別割合は，製造業が57％，小売り流通業が23％，情報サービ
ス業が6％，運輸・倉庫業および金融・保険業がそれぞれ3％となっている。

　サイバー攻撃による影響は，企業が保有する膨大な個人情報を危険にさらし，
巨大な集団訴訟へと発展する恐れがある。また，サイバー攻撃により業務に支
障が生じ，その影響により，株価の下落，株主代表訴訟に発展する恐れもある。
今日では多くの訴訟を目にするが，注目される事例を以下紹介しておきたい。

　2015年に発生した米インディアナ州に本社のある医療保険大手のアンセムの
データ侵害をめぐって集団訴訟が提起された。ハッカーによりデータが侵害さ
れ，約7,880万人の顧客名，生年月日，住所やメールアドレス，加入者ID，社

会保障番号などの個人記録が流出した。ハッカーは盗んだパスワードを使用して，過去および既存の顧客情報が含まれるデータベースに侵入した。アンセムは，盗まれた情報が販売または不正使用された証拠はないと主張していたが，集団訴訟に発展した。その後，2017年6月に，1億1,500万ドル（当時約127億6,500万円）という記録的な示談金で和解することに同意した，と2017年6月に報じられた。

　この和解金は，データ侵害の被害者に少なくとも２年間のクレジットモニタリングを提供し，侵害に関連する費用を顧客に賠償するのに使用される，という。例えば，特定の情報の暗号化や厳格なアクセス制御の下での機密データのアーカイビングなど，データセキュリティシステムへの複数の具体的な変更を実装または維持する情報セキュリティへの一定レベルの資金提供も保証される，と報じられた。

　2019年5月に明らかとなったニューヨーク州にある医療費債権回収業者のAMCAの個人情報流出事件をみておきたい。これは，2018年8月〜2019年3月に行われたAMCAの支払ウェブサイトへのサイバー攻撃だった。この攻撃により，複数の顧客企業の患者約2,000万人分の個人情報が流出した。

　AMCAの顧客であるクエスト社は，1,190万人の患者のクレジットカード番号，銀行口座情報，医療情報，社会保障番号が盗まれた。ただ，検査結果自体はクエスト社からAMCAに提供されていなかったため，サイバー攻撃での被害を免れたという。サイバー攻撃が判明した後，クエスト社はAMCAとの取引を中止，サイバーセキュリティ企業を雇い，自身の調査を開始している。

　同様に，米大手の臨床検査企業ラボコープ社は，770万人の顧客の個人情報が流出した。顧客の名前，生年月日，住所，電話番号，医療機関名，クレジットカード番号，銀行口座情報が盗まれたが，幸い臨床検査結果や社会保障番号，保険ID情報は無事だったという。

　2019年6月，AMCAらを相手どった複数の集団訴訟が提起された。原告側は，個人情報が流出したにもかかわらず，通知が不当に遅れたこと，顧客の機密情報を守るために適切なサイバーセキュリティ対策が取られていなかったこと，

医療業界の規制に違反している恐れがあることを主たる訴因とした。

　AMCAの親会社は，2019年6月に連邦倒産法第11条（日本の民事再生法に相当）の適用を申請した。その理由は，「次々と事件が発生し」「巨大な経費がかかったため，債務者が支払えない金額にまで膨れ上がった」ためとしている。700万人以上にサイバー攻撃の被害について通知するため，380万ドル（約4億1,800万円）かかった。さらに，サイバー攻撃発覚後の対応でサイバーセキュリティのコンサルタントやITの専門家の動員に40万ドル（約4,400万円）を要した，としている。

　2019年に，世界最大級の総合航空貨物輸送会社，フェデックス社の会社および取締役・執行役員に対して，労働組合の年金基金から損害賠償請求訴訟が提起された。

　原告は，ロードアイランド州に拠点を置く，ロードアイランド労働者年金基金である。2017年オランダを拠点とする運送会社，TNT Express（TNT）をフェデックス社が48億ドルで買収したことに関連する。買収が終了した後，フェデックス社は，自社の欧州事業とTNTとの統合を進めていたが，2017年6月マル・ウエアによるサイバー攻撃[7]を受け，その際，TNTは対応の拙さでTNTのシステム全体にマル・ウエアを広げることになり，全システムがダウンした。

　その際，投資家に対して，サイバー攻撃からの速やかな回復とサイバー攻撃による影響を最小限に抑えることを報告していたが，2018年11月30日の第2四半期には，巨大な損失が報告され，株価の大幅な低下を招き，投資利益を毀損した。これに対し，それらの不法行為および不作為，ならびに株価の急激な低下の結果，ロードアイランド労働者年金基金およびその他の集団メンバーは，重大な損失および損害を被ったとして，2017年9月19日から2018年12月18日の

7　身代金要求型ウイルスに似たウイルスが使われたとされる。ロシアの情報セキュリティ会社はどこかの国のサイバー部隊や特殊機関によるサイバー兵器実験だった可能性がある，との見方を示している。

期間にフェデックス社の普通株式を購入した投資家による集団訴訟を提起している。

②　サイバーリスク対応への課題

　サイバー保険が提供する填補の範囲は限定的である。サイバーリスクを扱う際の問題は，サイバー攻撃や標的となる契約者の情報財産の飛躍的な拡大により，リスク評価を困難にすることである。この原因の１つは，鶏と卵の関係にあるが，保険会社が十分な期間，または十分な規模のサイバー保険を販売しておらずデータの蓄積が不足していることにある。また，保険会社が利用できる，サイバーセキュリティ事故に関する総合的で集約されたデータベースが整備されていない事実もある。さらに現在法律上の通知義務が徹底されているとはいえないため，被害報告は，サイバーリスクのほんの一部にしかすぎない。これは，サービス拒否攻撃（DoS攻撃）やランサムウェア，知的財産の盗難といったサイバーセキュリティ事故は，表沙汰にされないことも多いからである。

　別の困難さとして，あるタイプの攻撃に対処している間に，脅威を及ぼす者は絶えず新たな手法やターゲット，侵入地点を考え出して攻撃してくるといったようにサイバーリスク固有の動態的変化がある。過去の経験知が限定的にしか使用できず，エクスポージャーの予測可能性が低下する。このように，リスクが変化し続けている状況をイメージ図で示すと**図表Ⅳ－１**のとおりである。

　さらに，損害が突然集積する事態を想定しなければならないといった不安も抱えている。例えば，もし明日，ウェブサイトのホストがサービス妨害攻撃，もしくはハッキングされたとしたら，そのプラットフォーム上にウェブサイトを構築した人は全員，第三者のサーバーがオフラインになっている間，オンラインビジネスができなくなるといった集積リスクが発生する。加えて，IoT技術を利用して産業用制御システムを運用する製造企業の場合，生産する製品に対する妨害工作を行う者によって制御システムが危険にさらされる。また今後自動運転乗用車の製造会社にとっては，その製品がハッカーによって操作され，遠隔的にハイジャックされたり，事故へ誘導される危険も否定できない。この

140

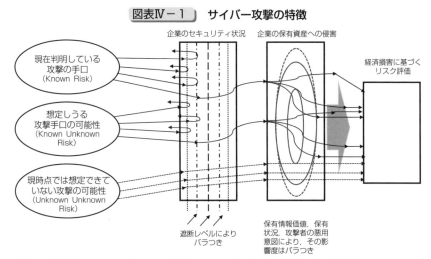

図表Ⅳ-1　サイバー攻撃の特徴

企業のセキュリティ状況　企業の保有資産への侵害

現在判明している
攻撃の手口
(Known Risk)

想定しうる
攻撃手口の可能性
(Known Unknown
Risk)

現時点では想定できて
いない攻撃の可能性
(Unknown Unknown
Risk)

経済損害に基づく
リスク評価

遮断レベルにより
バラつき

保有情報価値，保有
状況，攻撃者の悪用
意図により，その影
響度はバラつき

（出典：後藤茂之（2019）『ERMは進化する－不確実性への挑戦』，中央経済社，P.180，図表3‐9。）

ように，際限なく拡張しているサイバーネットワーク上に存在する関連情報財産（エクスポージャー）が常に拡大している状況にある。さらに，前述のとおりサイバー攻撃の変化とそれを防御するセキュリティも変化している。このような環境の流動性を強く意識する必要がある（**図表Ⅳ-2**参照）。

⑵　気候変動リスクの特徴

①　地球の循環システムとその変調

　地質学者は，「きわめて安定した気候で人類文明の発展を支えた約1.2万年間の完新世（Holocene）が終わり，人類が登場して初めて地球システム（生物圏）の機能に支配的な影響を及ぼす時代になったという意味で，新たな地質時代『人新世（Anthropocene）[8]』に入ったとしている。

　これまでは，人類の活動が小さく，地球が大きかったので，地球システムに与える影響は限られていた。しかし産業革命後，特に20世紀半ば以降，経済活

図表Ⅳ－2　サイバーリスクに関する評価の流動性

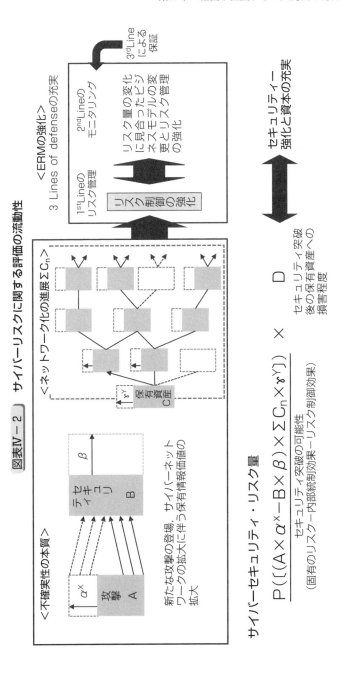

サイバーセキュリティ・リスク量

$$P(\{[(A \times \alpha^x - B \times \beta) \times \sum C_n \times \epsilon^Y]\}) \times D$$

動は加速し，地球システムに大きな負荷をかけるようになり，地球システムが本来持っているレジリエンス（回復可能性）が限界に達しつつある兆候が明らかになっている[9]。

　地球システムは，不可逆的に臨界点（Tipping points）[10]に近づきつつあり，異常が当たり前（New normal）になりつつある，と認識されている。

　2030年を期限に設定された国連の持続可能な開発目標（SDGs）や2030年までに温室効果ガス（GHG）排出量の半減を目指す気候変動に関するパリ協定（2℃以下，1.5℃が努力目標）が進められている。このように気候変動が次世代の社会・経済に及ぼす影響を共有し，グローバルで緩和策，適応策の推進が必要とされている（**図表Ⅳ－3**参照）。

8　ノーベル賞受賞者ポール・クルッツェンが提示した「人新世」という概念は，これまで世界の発展を可能にする非常によい生活環境を過去1万年にわたって人類に提供してきた「完新世」と呼ばれる間氷期から離脱することを意味している。「人新世」は，250年前の産業革命から始まった。19世紀前半以降，10億人未満から現在の70億人になったという前例のない人口の急増に伴って，天然資源の消費増大や，化石燃料への依存が途方もなく膨張するといった多くの社会変化が引き起こしている。

9　自然資本の減耗から生じる問題は，代替可能性に厳しい制約があるという点である。自然資本が受け入れ難いペースで劣化しても，価格が上昇するといったシグナルが働かない。これが，市場の外部性による市場の失敗である。このため生態系には，人々による「ただ乗り」，「コモンズの悲劇」が生じる。

10　地球システムといった動態的なシステムを扱う際には，閾値と分岐点に注意する必要がある。閾値とは，動学システムにおいて，異なる領域（非連続の世界）に分ける点のことである。動学システムの下では，外部の力が働いて他の領域に押し出す（tipping）ことがない限り，そしてそうするまでは，その領域にとどまることになる，という状況を前提にしたもので，閾値を超えると元に戻らない，全く別の領域（システム）に移行することとなる。気候変動によって，自然システムがある閾値を超えると，別の自然体系に移行し，元には戻らないといわれるが，その移行点のことである。

図表Ⅳ－3　温暖化、自然資本の毀損と金融・保険システムへの影響

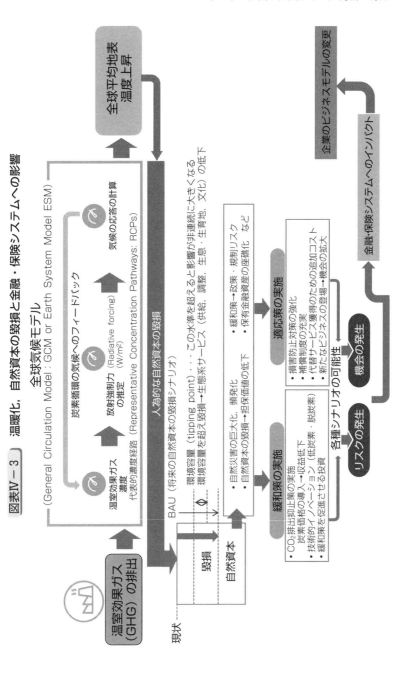

（出典：後藤茂之編著（2020）『気候変動リスクへの実務対応』、中央経済社、P.28、図表-4、1-5 を編集し、加筆した。）

　IPCCが，気候モデル[11]を使った分析で自然変動だけを考慮したシミュレーションを実施した結果は，20世紀前半までは実際の気温変化をなぞっているが，20世紀後半の急激な気温上昇は再現できなかった。そこで，気候モデルを使って気候変動のメカニズムや地球温暖化予測などを行った結果，20世紀半ば以降の温暖化の主な原因は，人間活動の可能性が強いと結論づけた。したがって，気候変動の原因は，極端にいえば，従来の地球循環の仕組みが変化していることにあると結論づけた。

　地球環境を意識した企業活動を考えるなら，大気，陸域，海洋の間を行き来する自然界の炭素循環，水循環，生態系の相互依存状況，そして気候変動が引き起こすこれらの変化に注目しなければならない。また企業活動に目を転ずるならば，これら自然環境から恩恵を得るとともに，自分たちの活動自体がこれらに影響を及ぼしていることも考え合わせて，われわれの経済活動を相互連関的に捉えていく必要がある。つまり，気候変動リスクを企業の経営管理に組み込んでいくということは，従来のERMでは直接の守備範囲としていなかった地球レベルの「循環システム」と企業価値の関係を取り込んでいくことを意味する。地球における循環は次のとおり整理できよう。

a. 地球の循環システム

　気候の変化は空気の流れによって起こる。空気の流れは地球の表面が太陽熱を不均等に受けることによってもたらされる。地球が，球面体であるため，赤道付近は垂直に光を受けるのでよく熱せられるが，極付近は斜めに光線を受けるために寒い。熱帯の空気は暖められて上昇し気圧が下がる。寒帯では逆に高気圧となり，下降気流が生まれる。そこで地球的な規模の空気の移動が起こる。

11　地球モデルとは，地球の物理法則に基づく循環システムをモデル上で再現したものである。このモデル日本では，海洋研究開発機構が運営する「地球シミュレータ」，気象庁気象研究所の「地球システムモデル」がある。気候モデルは，前述の物理的循環をモデル化し，その相互作用をシミュレーションするための仮想地球モデルである。このモデルには，次のサブモデルが組み込まれている。大気循環モデル，炭素循環モデル，陸・海水循環モデル，氷床モデル，海洋循環モデル，海洋生物地球化学モデル，エアロゾルモデル，化石燃料土地利用の変化予測モデル。

このような太陽熱と地球の自転によって生じる大気の循環に加え，地球には，風や塩分濃度差によって生じる海洋の水の循環，水蒸気・水滴（雲）・降雨という変化によって生じる海と空と陸にまたがる水の循環，さらに炭素を使った光合成による植物の生長・それを食べた動物の呼吸や死後微生物によって分解されて炭素が放出されるというように生物圏と自然界で繰り広げられる炭素循環など，熱・水・炭素が媒介となって維持される巨大な循環構造（大気，海水，炭素の循環システム）が存在する。このように，地球の熱分配と循環システムによって，地球の各地の気温・気象，生物圏と自然界の現状が形成されている。

b. 温室効果ガスによる地球の熱分配

地球に降り注ぐ太陽光線（可視光線，紫外線：電磁波）のほとんどは宇宙に反射されてしまうが，太陽熱によって暖められた地表から発せられた赤外線（電磁波）を温室効果ガスが吸収するために，再び地表に戻す働きをする。この温室効果のため，地球は生物が棲める温度に保たれている。そして，地球が太陽から受け取った熱を大気や海洋の循環システムによって，熱の分配が行われている。

c. 地球温暖化に関連する連関

このような自然環境に何らかの変化が生じると，それにより熱分配や循環システムに変化が生じることになる。地球温暖化は，人口増加に伴う食料供給の拡大，産業革命による化石燃料の利用拡大に伴う温室効果ガス排出の急増により，大気中の温室効果ガス濃度が増加したために発生したものと分析されている。さらに，自然の開拓による森林や生態系の変化なども循環システムに影響を与え，自然現象の変化に影響を加えている。

② 地球環境と社会の変化の分析

地球環境の現状と傾向を分析する目的で，社会と環境の間の複雑で多元的な因果関係を国連環境計画が，地球環境概観[12]（Global Environment Outlook：GEO）として公表している。その枠組みは，駆動要因（Driver），圧力（Pressure），状態（State），影響（Impact），対応（Response）が連続体とし

146

てつなげて社会と環境の間に存在する複雑で多元的な因果関係を特定し評価する仕組み[13]となっている。大気，陸，水，生物多様性，化学物質と廃棄物といった地球環境の現状と傾向を分析する目的で作られたDPSIRの構造（**図表Ⅳ－4**）は，企業が気候変動を分析する際にも参考にすべきものである。

③　気候変動リスクの類型とその影響

一般に気候変動が企業に及ぼす影響として次のリスクが想定されている。

a. 移行リスク

パリ協定で標榜している2℃目標[14]を確実なものとするために，今後法律や規制によってこれ以上のCO$_2$の排出を許さない政策が打たれる可能性がある。その場合，関連企業の価値は大きく影響を受ける。例えば，現在確認されている化石燃料埋蔵量の20%しか消費できない可能性もあるといわれている。つまり，石炭，石油，ガス企業が抱えている化石燃料の80%が座礁資産となる可能性が高い。

また，不動産に対する移行リスクの例として，エネルギー効率が一定レベルに達していないと商業用不動産として扱えないなどの規制が出されるケースもある。

b. 物理的リスク

2℃目標が達成できず，温暖化が進行するなら，洪水や干ばつなどの自然災害が巨大化する可能性がある。巨大な自然災害によって企業価値は影響を受ける。例えば，ダメージを受けたインフラの復旧対策，企業活動の低迷による収

12　国連環境計画編『GEO5 地球環境外観第5次報告書—私達が望む未来の環境　上』（青山益夫訳，2015年，環境報告研）。

13　1990年代中頃にOECDと欧州環境気候によって開発された「圧力—状態—対応」というモデルを拡張したもの。

14　IPCC2℃シナリオを実現するためには，一次エネルギーの再生エネルギー，原子力，CCS（CO$_2$回収，貯留）付発電を合計した低炭素エネルギーの占める割合を，2050年までに2010年と比較して3倍から4倍近くに増加する必要がある。また，2100年までにCCSなしの火力発電所をほぼ完全に廃止する必要がある，と報告している。しかし，CCSは現在実証段階で，商用化されたものはなく，さらなる技術開発が求められる。

図表Ⅳ－4　DPSIRの枠組み

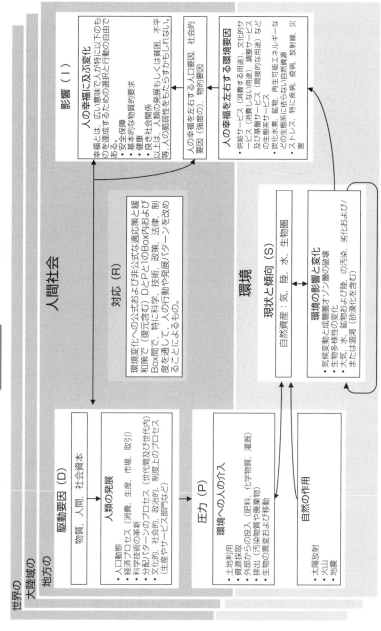

（出典：国連環境計画編『GEO-5 地球環境概観　第5次報告書　上』2015年、環境報告所、序文Ⅹⅶより抜粋）

148

益の減少，経済発展財源から復旧財源への振替による機会費用が発生する。

　また，気候変動による酷暑（熱波）によって，主要な穀物地帯に長い干ばつが続くと，穀物の収穫に大きな影響があり，穀物価格も高騰する可能性がある。このように経済，企業，個人に生じる負の経済的インパクトのことを「物理的リスク」と呼ぶ。物理的損害の範囲であるが，直接損害のみでなく，この損害によって逸失利益や潜在的な経済の停滞などから生じる負の波及効果も発生する。

　物理的リスクは，急性的ハザードによるものと，慢性的ハザードによるものに分けられる。急性的ハザードは，熱帯性暴風雨，山火事，沿岸洪水，極端な気温・降雨，熱波，干ばつ，土砂崩れ，河川の氾濫など，局地的で直接的な影響を及ぼすことが多い極端な気象現象のことである。一方，慢性的なハザードは，気候の長期的な変化のゆっくりとした漸進的な影響であり，例えば，気温の上昇，海面上昇，氷河の融解，砂漠化，降水パターンの変化，水の利用可能性の変化などである。

c. 賠償責任リスク

　移行リスク，物理的リスクに的確に対応できない事態が発生した結果，第三者から法的な責任追及を受けるといった賠償責任リスク（不法行為，契約不履行による法的責任）にさらされる恐れもある。

d. 評判リスク

　気候変動は重要な社会課題となっている。企業がこれらのリスクに対して適切な対応をとれないと，結果として評判リスク（レピュテーショナルリスク）を招く恐れがある。

　これらのリスクによって企業の行動に与える影響，さらに企業価値に及ぼす影響を整理すると**図表Ⅳ-5**のとおりである。

④　気候変動という不確実性

　ERMでは，「不確実性」を定性と定量の2つのアプローチで解明し，企業が

図表Ⅳ－5　気候変動による企業価値変動（リスク）にかかわるシナリオ

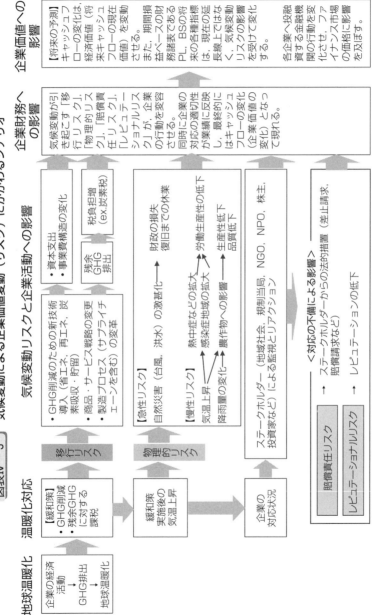

管理しうる状態（「リスク」）に変えていくべく努力を重ねてきた。

　気候変動による企業価値の変動を予測する場合，今後の地球システムは変化するため，過去のデータから得られた傾向から30年，50年先を予測することはできない。企業のリスク管理は，自社の事業ポートフォリオへの影響を市場リスク，信用リスク，事故災害リスクなどの主要リスクに分類し，個別・統合的に管理している。このような日常業務にどのように気候変動リスクを組み込んでいくかが今後の課題となる。気象は物理現象である。大気や海洋の流体の運動方程式や熱力学といった物理法則の式を使って仮想の地球を構築したのが全球気候モデル（General Circulation Model：GCM）である。これをスーパーコンピュータで回し各種の予測が行われている。温室効果ガス（GHG）は，太陽から降り注ぐエネルギーが赤外線としてそのまま宇宙空間へ放出されるのを防ぎ，大気と地表面に吸収されるといった温室効果を持つ。GHGの76%を占める二酸化炭素（CO_2）は経済活動によって排出される量の拡大により，大気中の残留量（CO_2濃度）が急速に増加した結果，地球温暖化の原因となっている。このような温暖化が水循環に影響して熱帯低気圧（台風やハリケーン）の激甚化や豪雨による洪水の発生頻度を高めることとなる。

　地域性の強い自然災害によって企業が有する財物への影響を具体的に検討する場合，地球全体の気象を知っただけでは不十分で，GCMをダウンスケーリング[15]して特定の地域への影響を具体化し，企業価値へのインパクトを分析する必要がある。現在気候変動が引き起こす物理的リスクによって自社の事業ポートフォリオにいかなる財務的インパクトを引き起こすかを直接計測できる定量モデルは存在しない。現在企業は，事業ポートフォリオに対する物理的リスクや移行リスクによるインパクトを一定のシナリオに基づいて評価する定性

15　全球気候モデルは，約250km程度の格子間隔で計算するため，それよりも小さな地域ごとの気候を表現することができない。それゆえ，より詳細な情報を必要とする応用分野の要請に応えるため，統計的・物理的手法を用いたデータの空間詳細化，あるいは空間方向への補間をすることをいう。

的分析[16]を進めている。

⑤　経営管理上の課題

　気候変動リスクを経営管理へ組み込む（インテグレーション）場合の課題について考えてみたい。

　企業は，１年後（短期），３〜５年後（中期）に達成する企業価値の目標を立て，戦略の策定や事業計画の立案を行う。しかし，気候変動といった30年，50年後を踏まえた超長期計画を策定するためには，短・中期計画に加え超長期の対応方針を検討する必要がある。

　気候変動によって変革する将来の世界観を想定した上で，ビジネスモデルをどのように変更するか，すなわち企業にとっては依って立つプラットフォームの変革が必要となる。

　気候変動は，排出されたCO_2が地球全体に循環され，大気中に滞留し，自然システムに様々な影響を及ぼす。そのためわれわれは，気候変動リスクを分析するためのモデル（例えば，気候モデル，自然災害モデルといった自然システムに関するモデル，人の経済活動の結果を分析するマクロ経済モデル）を使って，その影響を分析しようとしている。2018年にノーベル経済学賞を受賞したウィリアム・ノードハウスは，地球温暖化の統合評価モデル（Integrated Assessment Model：IAM）であるDICE（Dynamic Integrated Climate-Economy）を初めて構築した。モデルは，気候モデル，計量経済モデル，エネルギー需給モデルから構成されている。その後，様々なモデルが作られているが，

16　一般に「シナリオ分析」と呼ばれ，多くの企業が取り組んでいる。この手法は，G20の要請を受け，金融安定理事会（FSB）により，気候関連の情報開示および金融機関の対応をどのように行うかを検討するために設立された「気候関連財務情報開示タスクフォース（Task Force on Climate-related Financial Disclosure：TCFD）」が2017年６月に公表した最終報告書（フレームワーク）の中でも奨励されている手法である。

その分析結果は，各モデルによって異なっている。その理由をノードハウスは，モデル自体の有する異なるコスト構造（トップダウン，ボトムアップといったアプローチ方法の違いや，GDP成長率やCO_2の増加率といった前提の違いなど）にある[17]，と指摘している。

　今日のIAMは，グローバルおよび各国の政策の判断材料として活用すべく，統合化，複合化，パラメータの内生化の方向で進化してきている。IAMは，スーパーコンピュータの利用により複雑化，精緻化している現状にあるが，同時に特定の専門家以外にはブラックボックス化してきている。そこでこの弊害を軽減するため，IAMの基本的な枠組みの標準化が進み，外部の者に対してもプロセスの透明性を確保する取組み（ISIMIP[18]）も進められている。しかし，複雑なシステムを扱うため，モデルにおける異なる構造やパラメータによって，同じシナリオ，データをインプットしたとしても，そのアウトプットは異なっている。このアウトプットの幅は，モデルの不確実性として認識されている。

　一方，企業が実務的に気候変動リスクの分析に取り組む場合は，複雑な構造をできるだけシンプルなシナリオに落とし込み，ストーリー性のある形で理解し自社の長期戦略の論議が進められている。そして，最終的に財務情報に基づく企業価値分析へと結びつけ，現行の管理ツールに組み入れることができないか検討されている。つまり，複雑で統合的なIAM自体を自ら作るのが目的ではなく，例えば自社が中期計画を立てる際に使用している簡易なマクロ経済モデルをベースに，IAMから公表されたシナリオとデータを外生変数として取り込み，マクロ経済モデルのアウトプットがどのように変化するか（気候変動

---

[17]　ウィリアム・ノードハウス『気候カジノ─経済学から見た地球温暖化問題の最適解』（藤崎香里訳，日経BP社，2015年），P.229, 230。

[18]　ISIMIP（The Inter-Sectoral Impact Model Intercomparison Project）は，国際部門間影響モデル比較プロジェクトと訳されている。気候変動に関する世界各地の研究グループによってモデルについて，研究者のためのプラットフォームとなるパブリケーションデータベースとデータセットデータベースを公開している。またデータベース拡充のために関連研究者がこのアトラスに自分の仕事を寄付するように奨励している。このようなプロセスを通じてモデルを可視化し，標準化と発展に寄与するためのプロジェクトである。

リスク）を予測するといったアプローチが実務では進められている。

　気候変動リスクを検討するにあたって，気候関連財務情報開示タスクフォース（Taskforce on Climate-related Financial Disclosures：TCFD)[19]が下記の点に留意するよう求めているので，紹介したい。

- 地域と活動に応じた様々な影響
  - 気候変動と気候関連のリスクの影響は，地域，地理ごとに異なる意味合いを持つ地球規模で発生する効果であり，ビジネス，商品，サービス，市場，事業，バリューチェーンによっても異なる。
- 長期的な展望と長期的な影響
  - 気候関連のリスクは従来の事業計画や投資サイクルを超えた時間軸に沿って顕在化し，影響を及ぼす。これらのリスクと関連するインパクトは，短期，中期，長期にわたる気候関連の物理的・移行リスクの変化につながる数十年にわたるドライバー（例えば，大気中の温室効果ガス濃度）の変化の結果として生じる可能性がある。
- 自然の影響力と不確実性
  - 気候変動の影響の多くは前例がなく，過去のデータに基づく統計分析やトレンド分析の適用が難しい。気候変動は動的で不確実な現象であり，重要な技術の開発と展開，適応戦略，市場と消費者の行動の変化など，多くの未知な領域があるため，緩和策の可能性も複雑である。
- 影響度合いの変化と非線形性
  - 気候関連のリスクは，時間の経過とともに様々な規模で顕在化する可能性があり，影響の深刻さと範囲が増大する。気候システムは，大きな，長期的な，急激な，そしておそらく不可逆的な変化をもたらす閾値と転換点を示すかもしれない。気候関連のリスクを理解するには，物理的な

19　TCFD「Guidance on Risk Management Integration and Disclosure」（2020年10月）P.5を参考にした。

154

　　気候システム，生態系，社会における転換点の感応度を理解することが
　　不可欠である。
●複合的な関係性とシステム効果
　　➤気候変動に伴うリスクは社会経済的に，また金融システムと相互に関連
　　　することによって，連鎖効果や相互関連効果が生じる。企業にとっての
　　　短期的，中期的，長期的な影響を評価するためにはこの点を踏まえて多
　　　面的な視点を必要とする。

(3)　新型コロナ・パンデミック・リスクの特徴

①　新型コロナウイルスの発生

　感染症[20]は，これまで歴史上何度も人類を脅かせている。例えば，14世紀に
大流行したペスト[21]は，ペスト菌による感染症の流行でヨーロッパは人口の3
分の1以上（2,000〜3,000万人）が失われたとの記録がある。ペスト菌を持っ
ているネズミに噛まれて感染するもので，今日も散発的に確認されるが，有効
な抗生物質が存在することもあり，パンデミック（世界的大流行）は発生しな
くなった。
　加藤茂孝は，次のとおりペスト菌の変異について指摘している。
　「中世の欧州ではペストがきっかけで，近世へと向かう変化が起きた，と指
摘する。ローマ教皇が祈り，神父が治療してもペストが治らず人々の信頼をな
くしたことが，その後の宗教改革につながった。奴隷的な身分だった農奴の人

20　感染症の病原体は寄生虫や菌類，細菌，ウイルスなどの微小生物が原因となっている。
　　近年パンデミックが懸念される病気として，インフルエンザ，エボラ出血熱，エイズ，デ
　　ング熱，ジカ熱，はしかなどがある。ウイルスは，RNAやDNAという遺伝物質をタンパ
　　ク質の殻で包んだだけの簡単な構造をした最小の生物的存在である。ウイルスは何かの生
　　物に寄生して，宿主細胞の代謝を利用して増殖するもので，自分だけでは増殖できない。
　　生物は，細胞をもち，自分でエネルギー生産して，増殖できるもの，と定義されているの
　　で，生物とはみなされない。
21　皮膚が黒変する特徴的な症状から「黒死病（Black death）」と恐れられた。

口が激減したことで，荘園主が雇う賃金労働制への移行も起きた。医療も近代化していったという。ペストは，もともとは野うさぎや野ネズミの比較的無害な伝染病であった。人間が彼らの領域に踏み込んだために，ノミを介して人間に入り大流行を起こした。抗生物質のなかった昔は，免疫だけが頼みの綱であり，免疫細胞が，自分の遺伝子を変化させながらペスト菌に対抗してきた。そのペストが，18世紀末を最後にほとんど姿を消した。その理由は，ペスト菌の方が遺伝子を変えて，免疫が出来やすい細菌に変異したためである[22]。」

また1918年にスペイン風邪（新型インフルエンザ）が大流行[23]し世界を脅かした。世界で約5,000万人が，日本でも38.8万人[24]の死者が出たという。1918年から20年までの流行で，同時期に戦われた第一次世界大戦の死者，約1,000万人をはるかに上回る大災厄となった。

石弘之は，近年突如として出現した「新興感染症」（エマージング感染症）は，動物が保有するウイルスや細菌に由来する「動物由来感染症」が圧倒的に多い，エボラ出血熱ウイルスも，もとは熱帯林の奥深くでコウモリと共生していたと考えられる。しかし，熱帯林の大規模な破壊や集落の急膨張で，すみかを失った野生動物が人の生活圏に出没するようになった[25]点を重要な要素とし

22　加藤茂孝『人類と感染症の歴史』（2013年，丸善出版）。なお，エボラ出血もエイズも，人々が森林を破壊して動物の聖域を侵したために起きたものである，ともいわれている。
23　1922年発刊の「流行性感冒」と題する内務省報告によると，日本では2,380余万人の患者が罹患とあるので，当時の人口がおよそ5,500万人だったことを考えると，4割以上の人たちが感染したこととなる（浦島充佳『新型コロナ　データで迫るその姿―エビデンスに基づき理解する』（2021年，化学同人社），P.236）。
24　1923年9月1日の関東大震災で10万5,000人，第二次世界大戦で310万人が死亡。
25　石弘之『感染症の世界史』（2018年，角川文庫），P.15。また，石は，同書の中で次のとおり指摘している。「エボラ出血熱ウイルスの自然宿主は，熱帯林にすむ果実食のオオコウモリが有力候補といわれている。コウモリは100種以上のウイルスを媒介することで知られている。流行地域ではコウモリを食用にする習慣があり，直接に感染した可能性はある。しかし，もっとも疑われているのは，コウモリからゴリラなど霊長類を介した感染である。霊長類は，コウモリがかじって地上に落とした果実を食べたときに，それに付着した唾液から感染したと考えられる。」

て指摘している。人の活動にともなう陸域の変化が生物の行動に変化をもたらし，それが直接・間接にわれわれに戻ってくる点にも留意が必要である。

　さて，中国湖北省武漢市で2019年末原因不明の肺炎が報告され，新たなコロナウイルス[26]が原因であることが判明した。それ以降，新型コロナウイルス（Coronavirus Disease 2019：COVID19）関連肺炎の発生が各国で報告され，感染は全世界に蔓延し，終息していない。1年間で感染者数は8,000万人を超え，死者数は180万人に迫り，その後も増加している。

　日本では，香港から日本に向かった大型クルーズ船「ダイヤモンドプリンセス」で感染者の発生が確認され，2020年2月3日横浜港に入港し，検疫が開始された。その後さっぽろ雪まつり（2月4日〜11日）に関連したクラスターの発生，東京で屋形船での新年会（1月18日）に端を発したクラスターの発生が確認された。3月11日に世界保健機関（World Health Organization：WHO）がパンデミック（世界的大流行）を宣言している。政府は4月7日に第1回目の緊急事態宣言を発令し，3密回避，人流の8割削減，不急不要の外出自粛，テレワークの導入などの対策を実施した。

　中国からの旅行者によって持ち込まれたとみられる新型コロナウイルスは，まずイタリアで感染爆発を起こし，南欧から欧州北部へと広がった，といわれている。2020年9月段階での英国の死亡者数は，4万人を超え，イタリア，フランス，スペインが3万人を超えていた。全般的に欧州西武で犠牲者が多く，旧東欧諸国やバルト三国では比較的被害が限られていたのは，社会の高齢化の

26　浦島充佳は，次のとおり説明している。「2015年，武漢にあるウイルス研究所とハーバードなどアメリカの大学との間で共同研究の結果が発表され，コウモリを自然宿主とするSARSウイルスがヒト細胞にも感染し得ることを遺伝子組換え技術を使って証明した。2020年1月7日，上海の研究チームは，武漢の海鮮市場を中心に流行している肺炎は新型コロナウイルスが原因であることを突き止め，ウイルスの遺伝子配列を公開した。…過去にコウモリから分離されたウイルスの1種，bat SL-CoVZC45と89%，SARSと79%，MERSと50%その遺伝子配列が一致することを見出した。」（浦島，前掲注23，P.196）

度合いや高齢者の隔離状況，生活習慣や医療設備の充実度，中国からの旅行者の数など様々な要因が絡み合っている。感染拡大に対する各国政府の初期対応の違いも感染結果に大きく影響した。

　しかしながら，世界的大流行は，国家の如何を問わず，政治，経済，社会に大きな影響を与えている。危機の中身は，感染症による「健康（安全）の危機」と，その危機を避けるための対策による「経済の危機」といった複合危機といえる。両者はトレード・オフとなるため，政治の意思統一と一貫性ある政策の実施を難しくし，多くの国の健康と経済に大打撃を与え続けている。

　新型コロナウイルスは，各国でロックダウン（都市封鎖）や緊急事態宣言といった対策で一時下火になった後，第２波以降の波が訪れるという動きを繰り返している。ワクチン接種が実施される前に，感染力の強い変種[27]のウイルスが登場し，終息の目途は未だ不透明である。

　なお，2020年４月に米国チームが公開した論文によると，中国武漢で初めて確認されたウイルスは，その後数か月で，変異したウイルス（南アフリカ型，英国型，ブラジル型など）が主流になったとしている。

②　明らかとなった課題

今回の新型コロナウイルス・パンデミックの問題は，世界が同時に直面した

27　新型コロナウイルスの遺伝子情報は，ウイルスの設計図であるRNAに書き込まれている，という。RNAは塩基と呼ばれる物質が約３万個並んだ構造をしている。新型コロナウイルスが感染した細胞内で増えるとき，自分のRNAをコピーするが，そのとき，ある塩基が別の塩基に置き換わったら，欠落したりするミスが起こる。これが変異の意味である。2020年５月時点でWHOが指定している変異ウイルス（Variant of Concern: VOC）は，英国型，南アフリカ型，ブラジル型，インド型である。いずれも従来のウイルスより感染力が強く，入院や死亡リスクが高いといわれている。また，ワクチンの効果（再感染）については，十分わかっていないものの，効果を弱める可能性について懸念されている。浦島充佳は，「イギリスの研究によると，１人の感染者が生み出す２次感染者の数（実効再生産数）が0.4～0.9上昇すると予測している。これは，ある国の実効再生産数が1.1だとすると，最悪2.0になり，二次感染者発症までの平均期間を５日とすると，日々の感染者は５日ごとに倍々で増える計算になる。」と説明する（浦島，前掲注23，P.8）。

158

感染症問題である。グローバルベースで深刻な影響を及ぼす類似の事例として，われわれは金融危機を経験しているが，今回は現実に人の命が直接関係しているという意味では，同類の事態とはいえない。また，マスメディアにより，各国や日本の感染状況，対応状況が刻々と報道されているが，その状況と対応ぶりは，各国で相当違っている。

　報道を見る限り，各国対応で完璧な形で成功している国は見当たらない。未経験で，不確実性の高いリスクに対して，試行錯誤を繰り返しながら解決策を模索している。このような状況が既に1年半経過している，これまでの各国の混乱ぶりの原因を振り返っておくことは，本リスクの特徴を知る上で有用と考える。

　新型コロナウイルスが社会をこれほどまでに混乱させている理由は，特にワクチンや治療薬ができていない段階においては実質的に対処する手段がない中での対策となっていることであろう。感染症の状況を分析するためのデータ不足から，現状を判断し，将来を予測する信頼性のある分析ができない点が大きいものと考える。結局とり得る対応策は，極端に言えば，リスク回避として，3密防止，人流抑制といった，われわれの行動変容のみとなった。このような状況において，国民に不安感をあおった主要因を列挙するならば下記が挙げられる。

● 新型コロナウイルス感染症に関する強い不確実性が存在している。特に当初は，わかっていることが少なく，時として相反する断片的な情報が錯綜した。感染拡大初期においては，人から人に感染する感染例は少ないという情報があったり，感染が世界的に流行し始めても，飛沫感染をするかしないか，空気感染するかしないかも不明瞭であった。情報が不足する中，各国の状況がリアルタイムに伝えられるが，ある意味混乱を招く要因になっている。つまり，各国が抱える状況はそれぞれが異なっており（医療態勢，人口構成，都市化，格差などの社会状況，文化，国民性など），比較検討から気づきを得

るためには，一定前提条件を合わせた上での比較が必要になるが，そのような分析はなされていないため，不明点や矛盾点がかえって不安や混乱をあおる結果となっている。

●日本では特に初期の段階においてPCR検査態勢が十分でなく，検査件数が十分拡大しない間の検査の結果は，全体の傾向を掴むには制約がある。加えて，検査による確認までの間，他人への感染の可能性が一定の時間があることも状況の判断を難しくしている。感染者が発症を自覚してPCR検査[28]を受ける流れが一般的と思われるが，仮に検査で陽性が確認されたとしても，感染から発症までの潜伏期間（平均約５日であるが，14日後に発症する場合もあるといわれている）中，発症２～３日前からウイルスが増殖するので他人に感染させる可能性があるという。つまりこの間は感染させる恐れがあるとともに，無症状のケースでは，検査も実施されない可能性もあり，この間感染を拡大させる恐れがあることとなる。感染拡大を予防するための対策が，自発的検査結果を待っていては，手遅れになる恐れがある。

●上記のような不確実性を抱える中，当初報道された情報では，致死率はSARSより小さいものの，死亡者数は既にSARSを上回っており，感染拡大のスピードが速い点がこれまでにない特徴である[29]，と報じられた。人々の不安を助長しリスク心理を強く刺激し，パニックに近い恐怖感が生まれた。

●感染現象に慣れていないことからくる認識上の誤解が考えられる。つまり，コロナ感染は指数関数的増え方[30]をする。さらに，指数関数的な増え方は，

28　PCR検査には，感染していても陰性と誤って判断する偽陰性と，逆に感染していないにもかかわらず，陽性と判断する偽陽性といった問題もある。

29　2002年から2003年にかけてアジアで流行したSARS（重症急性呼吸器症候群）の死亡率は10％程度であった。2012年に中東で発生したMERS（中東呼吸器症候群）は，中東地域を中心に拡大し，1,000人以上が感染し，400人以上が亡くなった。死亡率が40％と非常に高かった。いずれのウイルスによるものも日本国内での感染拡大は起きなかった。

160

われわれの日常感覚と一致しないところがある。われわれの日常感覚は，「比例」現象に馴染んでいるため，認識上の誤解が生じやすいものの，適切なリスクコミュニケーションによる是正が十分でなかった。

● 対策効果の確認に時間を要し，その間新たな事態が生じ，別の要素も考慮しなければならないといった状況が生じ，常に後追い的対応にならざるを得ない不安が高まった。一般にコロナ関連の報道において，特に重視されている情報は，各自治体から発表されるPCR検査陽性者数や入院，退院者数などであろう。また，スマートフォンの位置情報から分析した人流，病院のひっ迫状況，ワクチン接種状況などの情報も伝えられるが，これらの情報が，過去の対策での効果，直近の対策の効果，将来の目標に向けた追加対策の必要性，その中身にどのように結びつくのかについて，体系的で十分な発信がなく，先回りした対策が打たれているといった安心感をもてないでいる。

なお，最も市民の関心に訴える感染に直接的な数値としての感染者数は，実際の感染から約10日遅れ[31]で発表されているといわれている。このタイムラグを含んだ数値で将来の具体的な対策を検討することはもともと限界があり，その対応は後追いにならざるを得ないものと考えられる。

　本来のリスク管理の目的は，将来の変動の可能性に対してあらかじめ対処することにある。そのため，先回りした対策を打つためには，複数の条件の下で将来のシナリオに対する予測シミュレーションを実施して，好ましくない結果の可能性の状況・程度を予測し，解決策（リスク回避，リスク制御，リスク財務の手段）を講じることである。十分な情報とデータによる分析がなされていれば，リスク評価モデルを構築し，シミュレーション分析も可能になるであろ

30　生物は子がまた子を産むことから，結果が原因に戻って合わさり，次々と原因を加勢してしまうような現象であり，これを数学的には，指数関数と呼んでいる。

31　感染して発症するまでに約7日，PCR検査の実施，結果が出て，各自治体が発表するまでの期間を踏まえ，約10日くらい遅れる。

うが，現時点では期待できない。感染症数理モデル[32]が研究されているものの，未だ新型コロナウイルスに関するモデルは完成されたものではない。加えて，ウイルス自体が遺伝子を変化させ感染力を高めるなど，パラメータ（母集団確率分布の特徴をあらわす特性値）を適切に調整できる状況にはない。それゆえ，現試行モデルによるシミュレーション結果を拠り所に先読みをして対策を検討するほどの状況にはないものと考えられる。

● ウイルスとの攻防は，われわれの免疫（予防策）を高めるワクチンと治療薬の発明までの間は平衡状態には至らず，長期戦を覚悟しなければならない。この点に関し，福岡伸一は生物学的視点として，「最終的な決着は，人間とウイルスとの間に，動的平衡（絶え間なく少しずつ入れ替わりながら，しかし全体としては統一を保っている状態）を成立させる必要がある。したがって，このウイルスにかかって回復した人々が増え，ワクチンが普及することで集団の中に免疫が広がることが必要になる[33]。」と，コメントしている。

● 国民に広範囲に影響を及ぼす有事対策として，国民のコンセンサスを得つつ推進するためには，平時に広く論議を行い一定の有事対応方針をまとめておく必要がある。そして現実の有事において，この基本の枠組みを下地に対策を打っていくといったセンスメイキング（腹落ち）が混乱を避けるためには必要であるが，今回そのような枠組みは存在しなかった。

32　数理モデルは，感染状況を単純化したものである。その基本構造は，感染者が全く免疫を持たない集団の中へ入ったときに他人に感染させる様子を，感染から発症までの期間や感染力（基本再生産数），感染した者が集団における感染をブロックするような集団免疫の効果などをパラメータとして組み込むことにより，集団における感染結果（実効再生産数）を分析するものである。このモデルの精緻化には，今後数多くのデータによる検証が必要となろう。浦島充佳は，現在利用できる情報を使って，各国における感染状況の比較を様々な切り口で行っている。モデルの精緻化を進めるにあたって参考になる分析が示されている（浦島，前掲注23，P.99〜154）。
33　2021年2月28日，朝日新聞，コラムReライフFestival@homeより。

162

● 世界での対応が一定の段階に至るまでの間，各国に経済的，社会的，心理的
な影響や不安感が蔓延することとなる。国内外の移動が制限され，飲食店や
商店の営業の制限，文化，教育活動の制限が推奨され，様々な生活，経済活
動上の停滞が強いられる中，経済的弱者たちの生活が困窮する。このような
状況が長期化することによる疲弊の蓄積と結果としての歪みが解消して以前
の状態に戻るには長い時間を要することが想定される。

③　リスク管理上の課題

　本章の目的は，われわれが経験している新たな脅威の特徴を理解し，今後の
経営管理に生かすことにある。ここで，②で整理した新型コロナウイルスが社
会を混乱させている要素を踏まえて，企業のリスク管理上の検討課題を整理し
ておきたい。

　新型コロナウイルスに対する科学的な分析には時間を要する。第Ⅱ章で整理
したとおり，未知リスクについては，モデルを使った分析・意思決定ができる
ステージにはない。そのため，重要課題に対する最悪事態（エンドポイント）
を仮定し，そのような事態に至らないよう，対策案を時間軸や選択肢を含めて
提示できるよう，ストレステストを実施することが有用である。

　ただ，このような事態において最も懸念されることは，客観的なリスク評価
（Risk assessment）ではなく，リスク認知（Risk perception）を中心に社会問
題化され，関係者が浮足立って冷静な対応ができないことであろう。前者は経
済的損失への対応を意識しているのに対し，後者はより広く社会的課題や個々
人の価値観の相違といった要素も入り込むこととなる。一般にリスク心理（リ
スク認知）の研究では，恐ろしさ（Dread），未知性（Unknown）といったイ
メージ尺度によって不安が拡散されていく[34]ことが知られている。

　一般に，専門家はリスク評価のアプローチをとる。ただ，一般の市民はリス

34　古くはBSE感染牛の発見で消費者がパニック状況に陥ったような事態である。

ク認知からのアプローチをとることが多いと言われている。この点について，吉川肇子は，次のとおり指摘している。

　「リスクの生起確率やリスクの強度は，専門家が数量的に分別して，それをもとにリスク管理が行われるのであるが，たとえこのような分析の結果，専門家がリスクが小さいと判断したものであっても，人々はリスクが大きいと判断するような場合もあり得る。…このように，専門家と一般の人々とのリスク認知が違うのは，もちろん科学的な知識の差も影響しているのであるが，それに加えてリスクがもつさまざまな性質のうち，どの性質を重要と考えるかが異なっているためである[35]。」

　このように，リスク評価とリスク認知における，解決すべき目的の違いや分析基準の相違から，当然その分析結果には乖離が生じる。仮にそれぞれ別々のフレーム（この場合，リスク評価とリスク認知）に基づき対策を論議しようとしても，認識の共有あるいは，相手の主張への理解が進まず，共通の解決策を見出すことは困難となる。したがって，論議の前に，エンドポイントと目的を整理し，依って立つ枠組みを共有した上で，両者の分析結果を踏まえて双方の考えを共有し，最終結論を模索するプロセスが重要となる。しかし既に述べたとおり，感染症のリスク評価には，広く検査を行って多くのデータを収集する必要があり，一定の時間を要することとなる。したがって，今回の経験や分析を次に活かしていく必要がある。

　新型コロナウイルスによる各国の状況や対応の違いなどから，感染者や死亡者の状況は異なっている。Our World in Data（2021年４月25日時点）での累計死者数は，米国約57万人，ブラジル約39万人，英国約12万人，日本約１万人，中国約4,800人，韓国約1,800人，オーストラリア約910人，ニュージーランド26人，台湾12人と大きな違いがある。報道によると，韓国では徹底した感染者の

35　吉川肇子『リスク・コミュニケーション』（1999年，福村出版），P.62～63。

特定とPCR検査という防疫対策を整備した。キャッシュレス化が進み，買い物も公共交通機関もクレジットカードやスマホアプリによる決済が主流となっているため，こうした記録とスマホの位置情報を統合したシステムを運用し，保健当局が短時間で感染者の移動ルートを特定し，接触者の割り出し，隔離政策を徹底させてきたという。一方，台湾は，中国のネット情報で原因不明の肺炎が流行しているとの情報を掴んだ後，即座に空港での検疫の強化，入境制限を実施，強制隔離を徹底している。

　しかし，韓国では，2020年秋より感染者数が徐々に増加しており，ワクチン確保の遅れに対する世論の強い批判にさらされている[36]，としている。その後の報道では，台湾でも2021年5月半ば以降感染者が増加した。航空会社職員の感染による隔離が徹底できず，クラスターが発生したという。

　このことからわかることは，感染者の特定と拡散の防止対策の徹底といった事後処理（入国禁止，PCR検査による感染者特定・隔離など）の速さと徹底がエンドポイントである死者数の軽減に効果を生んだことが推定されるものの完全に管理することは難しく，根本的対策にならないことがわかる。

　十分なデータがなく分析結果を利用できない間の対応においては，実施可能な土俵を作り（例えば，社会にとって重要なシナリオを設定するなど），当面の最悪事態を回避することで国民と共有できる目標を設定して，対策を論議するなど，リスクコミュニケーションを進める重要性を指摘し得る。不必要に心理的混乱を招くと，国民の不安感をあおり，日々の感染者の変化などによりパニック状況に至る懸念もある。

　ここでは，企業のリスク管理という限られた領域における対応について考えてみたい。企業の場合は，企業活動の使命，提供する商品・サービスが限定されている。さらにビジネスモデルが明確になっている。また，最近は東日本大

36　2021年4月27日，朝日新聞。

震災などを経験し，事業継続計画（Business Continuity Plan：BCP）を備え
ている企業が多いものと考える。

　BCPは当初，防災対策の一環として扱われた。しかし，重要業務の選定や目
標復旧時間とレベル設定など経営的な判断が入ることから，最近では経営戦略
として取り組む企業も増えている。また，実際BCPを検討することは，企業の
存続を危うくする事態を想定し，損失の未然防止，被害の極小化を図る効果が
あり，リスク管理および危機管理の一環である。さらに，企業活動自体を見直
すことで，経営資源の効率的配分を可能にし，企業価値向上に寄与することと
なり，経営戦略の一環でもある，と考えられている。

　BCPでは，企業が事業継続や組織そのものの存続を脅かすような危機的状況
（Crisis）に直面した際に，組織としてその被害を最小限に抑えるために行う
一連の活動および対処方針がBCPである。BCPに基づき組織運営をするための
マネジメントのことを事業継続マネジメント（Business Continuity Manage-
ment：BCM）とよんでいる。

　BCMでとり上げる対象期間は，「事前（Before）」「緊急時（During）」「事後
（After）」に分けられる（図表Ⅳ－6参照）。そしてBCMは，災害や事故など
のインシデントで中断した重要な業務をいかに早く再開させるかが主眼である。

図表Ⅳ－6　インシデントの時間軸とBCM

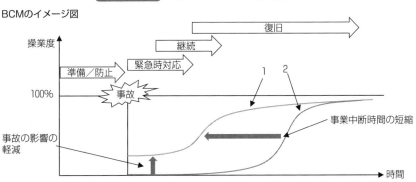

（出典：中島一郎『事業継続マネジメントの実践ガイド』2011年，（財）日本規格協会，P20，
21）

しかし，BCPの内容がすべてインシデント後の事後対応というわけではない。インシデント後の業務の中断を阻止する，または，最小限度に抑えるために，事前に様々な代替策など対応策を講じておくことは非常に重要である。例えば，地震で建物が全壊してしまえば，人命にかかわるだけでなく，非常に長期の復旧作業を余儀なくされ，財政的な基盤がないと復興を断念する事態に追い込まれかねない。インシデントによる被害や影響を防止または減少させ，合理的な期間内に業務再開できるように被害や影響を最小限に抑え込み，業務の再開のために必要な対策を優先順位づけして評価することがBCMでのポイントとなる。

　しかしながら，中小企業においてはBCP策定，導入が遅れており，中小企業が主要な雇用の源泉となっている地域経済の安定的な発展のために，克服すべき課題となっていることが指摘されている[37]。

　今回のコロナ禍では，通常の業務で基本的なものとして想定されていた人と人との接触を前提とした業務や連携といった要素が，感染予防のための3密回避から，根本的に見直さざるを得ないという事態に直面した。

　パンデミックのような，社会において広範な影響を及ぼす事態においては，社会の良き市民として，従業員の安全・安心を第一に考えた対処が基本と考えることとなる。近年のICT（情報通信技術）の発達により，一定の範囲でリモートでの就労を可能にするインフラが整備されているので，コロナ禍で，3密（密接，密集，密閉）を回避するためテレワークを導入する対応は妥当といえる。加えて，今回様々な副次的効用を生んだのも事実である。生活上のニーズと仕事の両立（ワーク・ライフ・バランス）や通勤による疲労を回避でき生産性向上も期待できるからである。

　従来のBCPが想定していた事象は，首都圏直下型地震のような特定の地域，

37　家森信善，浜口伸明，野田健太郎編著『大規模災害リスクと地域企業の事業継続計画—中小企業の強靭化と地域金融機関による支援』（2020年，中央経済社），P.2。

支店，システム等の活動が阻害される事態が多かったのではなかろうか。自然災害の場合には離れた地域は正常であるが，新型コロナウイルスの流行の場合には，国内だけでなく世界的な影響があり救援も難しいし，影響も長期間にわたる。つまり，感染症の分析には，広く検査を行ってデータを収集する必要がある。

　また，従来の自然災害にかかわるBCPにおける被害想定の考え方とも根本的に異なっている。例えば地震災害では，施設・設備等，インフラへの被害が想定されるのに対して，新型コロナウイルスではハード面での損害は想定されない。想定されるのは，人の行動に対する変容を求められ，感染状況が目に見えず感染すると人の命と直結するだけに，それを防止しようとすると，極端に行動制約を招き従来型の日常業務が停止することになる。したがって，会社の施設・設備等が使用不能になったらどうすべきか，通信インフラが寸断した場合，どのようなバックアップを行うのか，想定される被害に対して事前に対応策を練るのが自然災害対応のBCPであるのに対して，新型コロナウイルス対応のBCPでは感染により全国で従業員が出勤できなくなった場合，どうすればよいのか，などについて事前に計画を練る必要がある。今回のようにパンデミックに至ると，不安感が先行し，そのデータ収集・分析の間にも感染症が増え続けてしまいパニック状態に至る。このような事態におけるリスクコミュニケーションの強化が課題として明らかになった。

　今回のパンデミックを機会にグローバルレベルで業務委託先などを含むサプライチェーン全体を目線においたBCPの見直しが必要と考えられる。

　地震などの自然災害に対応したBCPでは災害発生直後にゼロになった業務レベルを「いかに最低限の業務レベルまで素早く復旧すべきか」に取り組むことになるが，感染症のBCPでは感染症の影響が長期化し，終息が予測できないだけに「いかに従業員の安全を確保して，異なる業務方法も模索しながら，通常レベルに近い業務を維持できるか」が課題となろう。

　新型コロナウイルス・パンデミックでは，生産・物流・人の移動という３つの要因により，グローバルにわたってサプライチェーン[38]の分断が発生し，これまで企業が進めてきたサプライチェーンの脆弱性が露呈した。新型コロナウイルスの感染拡大により物流の停滞，人の移動の障害が生じると，例えば，自動車，IT製品，医療用品，食糧などの分野において生産体制，物流，人の移動というサプライチェーンの構成要素を通じて影響が顕在化した。東日本大震災など過去の教訓が必ずしも通用しないものとなった。サプライチェーンの強靭性を高めるため，部品調達先を分散させるような災害対策は，世界中の生産活動が同時に停滞する感染症には通用せず，企業は新たな対応を迫られることとなった。

　原材料や中間財の在庫を余分に持たず，極端なケースでは工場も持たずに生産委託するといったリーン生産方式（lean product system）・OEM（Original Equipment Manufacturer）戦略が，自社の得意分野に注力し，コストを節約することで平時に高いリターンを生む効果が期待されるものの，感染症の拡大や自然災害という有事の際に部品や在庫が不足し，生産停止に直面するといった新たなリスクに直面する課題を提示した。ITC，デジタル革命の進行のおかげで，一定の範囲で在宅勤務などの対応が可能となったが，パンデミックが引き起こした経済への影響への対策など，これまで十分想定されていなかった要素も明らかとなった。BCP，BCMの強化にも組み込む必要がある。

④　パンデミックにおける倫理学的考察

　今回のパンデミックにおいて，各国で医療体制のひっ迫を経験した。医療事情が国によって違っている実態も認識することになったが，過去のパンデミックの教訓を生かし対応強化を図っていたか否かの差が出たことも事実である。

38　サプライチェーンとは，原材料や部品の調達から製造・生産管理・販売・配送までを１つの連続した流れであると捉えたときの名称である。日本におけるサプライチェーンの特徴としては，生産体制に関連して，効率的な生産体制，在庫の少なさ，海外生産比率の高さ，部品の海外からの輸入拡大が挙げられる。

医療資源の供給を大きく超える需要が短期間に発生し，医療資源の選択的分配が不可避になる事態においては，患者の緊急性のカテゴリーを判断する手続（トリアージ）が採られるが，その具体的中身をどのように決めるか，また，感染力が強い場合，感染拡大を抑制する必要があるが，罹患者の指定場所での隔離，移動の制限，私有財産の政府による強制使用・接収，飲食店などの商業施設の営業規制，水際での入国拒否など，基本的な権利と自由の制限を行う必要がある。これらの領域で，倫理的視点での検討が必要になる。

　広瀬巖は，このような倫理指針は，パンデミックが始まると恐怖感や焦燥感から冷静かつ公平な判断が難しくなる恐れがあるので，パンデミックになる前に，開かれた議論を通じて理解を深めることが重要であり，また倫理方針を事前に策定しておくことは，有事に際して，場当たり的な対応を回避し，関係者に理解し納得する時間や心理的余裕を与え，開かれた議論を通じて理解を深めて行動するためにも必要である[39]，と指摘する。

　これは，リスク管理において，不確実性が高く，巨大な事故・災害への事前対応として，ストレステストを平時に実施し，コンティンジェンシープランを策定しておくことを奨励しているが，意図するところは同じである。つまり，感染症も，リスク管理の対象であり，人命をエンドポイント（死亡者数，その前段階の感染数）とした危機管理といえる。倫理上も功利主義的立場に立ち，発生する人命の損失をできるだけ軽減する（つまり，救助数最大化）ことが考えられる。
　しかし感染症パンデミック対策における倫理的判断の難しさと留意点について，広瀬は次のとおり指摘している。感染症リスクの特徴をよく反映しているので少し長いが，要約して紹介する。
　「救命数最大化の原則を目的に対応していくのが妥当であるが，この原則を

39　広瀬巖『パンデミックの倫理学』（2021年，勁草書房），P.5～10。

制約するのは，公平性と透明性である。帰結主義に基づけば，救命数だけに注目し，救命数最大化＝死亡者数最小化原則をとることは，基本的には是認される。他の事情が一定のときすべての人の命の価値は等しいと考えられるため，公平なやり方で，順番を決めるべきである。年齢などの個人的属性の違いに基づき生存年数最大化の要素を考慮したり，医療従事者への対応を優先することにより，パンデミックの期間中，医療サービスの提供体制を維持するといった間接的便益といった要素を意識するなど，その判断に違いが生まれる可能性がある。しかしながら，ごく限られた場合にだけ使われるものと，考えるべきである。

　感染症パンデミック時における希少な医療資源への対応といった問題が生じる。最も希少性が強固で，生死の問題に直結する人工呼吸器の分配について，人工呼吸器の希少性が大きく変化する可能性を考慮して救命数最大化を目的とした純粋に医学的観点からトリアージ基準を用意しなければならない。パンデミックの段階と重症化患者の推移に応じて複数のトリアージ基準をプロトコルとして用意しておく必要がある。トリアージ基準について次の二つの要素によって作成される。一つは重篤な状態を脱し生存する可能性の高さ，もう一つは人工呼吸器が装着されれば回復する可能性が高い患者に対しては高い優先順位を，可能性が低い患者に対しては低い優先順位を与える。その次に，人工呼吸器の介入を長い期間必要にしないと考えられる患者には高い優先順位を，長い期間の介入を必要と考えられる患者には低い優先順位を与える。生存の見込みが極めて低い患者に装着した人工呼吸器を，救命できる見込みが高いがまだ装着されていない患者につなぎ変えることをどのように考えるかという問題について二つの理由を挙げる。

　第一は，社会や習慣の問題である。ある地域では，治療をいったん始めたら死ぬ前にその治療を停止することは理由の如何に関係なく許されることではない，といった慣習の存在の考慮である。

　第二は，倫理学上の問題である。人工呼吸器を外すとその患者は死ぬであろうことが予見されたにも関わらず，意図的に外すという行為は，作為のある行

為か，無作為の行為かの区別は難しい問題である。それゆえ，治療の再分配について広く議論し，共通認識を形成しておくことが重要である[40]。」

　世界で新型コロナウイルスのワクチン接種が進められている。その際の公平な分配の問題が課題となる。感染症の特徴とパンデミックの特性から考え，特定の国だけで接種が進んでも，感染がどこかで続いている間は，ウイルスが変異する可能性は消えない。したがって，接種を先行し得た国も引き続き感染の脅威にさらされることとなる。

　現状，先進国やワクチンを製造する国によるワクチンの囲い込みが起こっているが，上記のような究極の課題の解決のため，WHOなどの主導で，先進国を含めた多くの国が資金を拠出，約190の国と地域が参加し，開発が成功したワクチンを共同で購入して途上国にも分配するCOVAXファシリティの計画が進んでおり，その計画の進捗を独立した立場で「独立ワクチン分配グループ」が検証するといった体制が動いている。

　感染症の問題は，新型コロナウイルス・パンデミックが将来一定の解決をみた後も形を変えて引き続き今後の移行社会における重要リスクになるものと考えられる。気候変動問題と同様，グローバル，国，企業，個人といったあらゆるレイヤーにおける連携とそれぞれの役割に応じた対策の実施を，これまで以上に考えていかなければ適切な対処は困難といえる。

　今回の新型コロナウイルス対応において，国家にはこのようなリスクから国民を守る責務がある。2012年の新型インフルエンザ・パンデミックの際，日本では感染症法に基づく対応だけでは外出規制や営業規制を行うことが困難であることを踏まえて，新型インフルエンザ特別措置法を制定した経緯がある。今回の新型コロナウイルスにおいては，他国が強制的に人々の行動を制限するロックダウン（都市封鎖）といった対応に踏み切るなか，日本は，同法に基づ

40　広瀬，前掲注39，P.25〜76，P.82〜85。

く緊急事態宣言を発令して自粛を求めた。

　新型コロナウイルスへの対応において，国民の行動変容を要請する以上，個人の権利（例えば，営業自粛や学習権，集会の自由や信教の自由など）を制約したり，その結果損害が生じた場合にどのような対応をとるかといった憲法上の問題が発生することとなる。国民の「自由と安全」にかかわる問題には，トレード・オフの関係が存在する。

第 V 章

移行社会に向けた
経営管理の強化

第Ⅴ章のポイント

　第Ⅴ章では，第Ⅰ，Ⅱ章で検討した基礎事項，第Ⅲ章で検討した過去の事例からの気づき，第Ⅳ章で整理した，新たなリスク社会におけるシステミックリスクの特徴を踏まえ，企業としてどのような経営管理の変革が必要なのかを検討します。

　もちろんこれらのリスクに対する処方箋を提示できるほど，現時点でわれわれの分析・検討・経験が積み上がっているとはいえません。しかし，経営管理の強化の視点とアプローチについて一定の提示ができるものと考えています。

　またその際，導入を検討すべき具体的な手段についても一定の示唆ができるものと考えています。具体的には，バック・キャスティングによるストレステストの実施，動態的管理の強化，倫理とリスクの統合的思考が重要だと考えています。

　それでは，本書における検討のまとめとして，一緒に考えていただければと思います。

　企業は常に変化（機会とリスクの発生）に挑戦し，その課題を解決する中で，生き残り，成長してきた。第Ⅳ章では，現在の企業を取り巻く環境変化を新たなリスク社会の出現という視点で捉え，その変化を代表する事例として，3つの脅威を取り上げて検証した。これらは，固有の特徴を有するものの，新たなシステミックリスクという点で共通項を持っている。

　企業にとって，社会の課題解決へ貢献する形で共通価値を創造し続けることが，移行社会に向けて持続的成長を達成する必要条件といえる。

　3大脅威が引き起こすシステミックリスクを社会と企業との良好な関係を踏まえつつ克服するためには，今後さらに登場するであろう新たなリスクに対し，エシカルでレジリエントな経営への変革を進める必要があろう。したがって，本章ではこれまでの検討を一般化した上で対応策を中心に検討してみたいと考えている。

1　バック・キャスティングによるストレステストの実施

　非連続な状況への対策をあらかじめ具体的に検討するためには何が必要か，従来のようなフォワードルッキングではなく，バック・キャスティングが不可欠となる。当然，検討結果を現在の経営管理に組み込む必要があるので，現在のリスク管理のツールを活用すべきであろう。ストレステストを中心に据える形での検討を考えていきたい。

　また今回取り上げた3つの脅威は，企業価値への影響のタイミングを考えるとそれぞれ異なっている。つまり，気候変動リスクのように今後長期間にわたって変化をもたらすもの，サイバーリスクのように既に企業活動の欠かせないインフラとして組み込まれ，足元で常に脅威にさらされているもの，また新型コロナウイルスのようにビジネスモデルの変更を余儀なくされ，今後の方向性を確認した上で経営管理の中に組み込んでいく必要があるものなど，そのリスクによって，企業経営の取り扱う時間軸は異なっている。したがって，まず，

個々のリスクの事業への影響のタイミングを想定し，ストレステストの結果を経営管理の中に組み込んでいくこととなろう。いわば，企業がリスク社会の進展を鳥瞰し，それぞれのステージごとに社会における市民として指針に基づきレジリエンス対策を打っておく必要がある。このようにシステミックリスクに先回りしてそれを理解し，覚悟して，それに対するレジリエンス力をあらかじめ備えておくバック・キャスティングの実施が必要と考える。

　ストレステストでは，適切なシナリオ設定が重要となる。企業の目的は企業価値の向上にある。したがって，エンドポイントとしては企業価値を大きく毀損させる事態として認識することとなる。例えばサイバーリスクにおいては，第Ⅲ章で紹介したロイズのようにサイバー攻撃によるネットワーク上のボトルネックの不全による影響をシナリオとして想定することが有用となろう。気候変動では，IPCCで想定されている温暖化シナリオに準拠して，温暖化の度合いによって引き起こされる代表的なリスク（移行，物理，賠償責任など）の発現によって自社が著しく影響を受けるシナリオを想定することとなろう。このように，個々のリスクによってその発現のシナリオは個別に設定する必要がある。

　次に自社への影響について洞察力を働かせて具体的に検討する必要がある。しかし，われわれは，誰しも無から有を生み出すのは不得手である。そこで，想定されたシナリオと自社の事業との関係性を紐解いていく必要がある。5 Forces分析やSWOT分析などの手法を活用して，事業活動との関係性を具体的に推測する必要がある。そして，この検討結果をベースに，将来の自社の損益計算書（PL），貸借対照表（BS）への影響を推定することによって，企業価値へのインパクトを把握することができよう。個々の企業への影響を検討する際，経営環境の質的変化を十分踏まえなければならない。

　例えば，気候変動が引き起こすエネルギー革命について考えてみたい。パリ協定達成のためには，温室効果ガス（GHG）の削減を大胆に実現していくため，カーボンニュートラルな社会への移行を目指す必要がある。

　2050年までにGHGの排出を実質ゼロにする目標は，現在の取り組みの延長線では達成不可能な目標である。

　現在日本の最終エネルギー消費の7割は，化石燃料を需要場所で燃焼させている。CO_2の大幅な削減のためには，電力供給サイドで電源の低炭素化を進めるとともに，需要サイドで電化技術への置き換えを進める必要がある。現在商業ベースに乗っている電力利用技術だけを前提として，発電の脱炭素化と需要の電化で70%程度のCO_2の削減が可能と試算されている。

　さらなる脱炭素社会を実現するためには，電化技術が利用できない需要について，化石燃料由来でない燃料を開発，実装する。また，太陽光発電や風力発電など自然変動型の再生可能エネルギー電源の出力変動を調整するために火力発電所の運転が引き続き必要であるならば，その燃料を化石燃料由来でない燃料に置換していく必要がある。このような燃料として有力視されているのが水素である。つまり，再生可能エネルギーや原子力で発電された電気によって水の電気分解から作られたCO_2フリーの気体水素は，需給バランスの変動に合わせて，液化水素に転換することにより，必要なときに再置換して，水素発電を可能にする，という考えである。

　電気は，様々な一次エネルギーを変換して作る二次エネルギーというこれまでの常識を変え，電気の一次エネルギー化を推進する必要がある。同時に，電化が難しい高温の熱需要，鉄鋼業，石油化学工業などで原材料として用いられる化石燃料，調整力の役割を担う火力発電の燃料が水素由来の燃料に置換される必要がある[1]。

　このような脱炭素社会への移行に向けて，エネルギーインフラは大きく変化する。例えば，従来の大規模集中型のシステム（上位系）中心から，各地の太陽光や風力など自然エネルギー（ローカルエネルギー）を組み込んだ分散型電源を組み入れていく必要がある。

1　戸田直樹，矢田部隆志，塩沢文朗『カーボンニュートラル実行戦略：電化と水素，アンモニア』（2021年，エネルギーフォーラム）を参考にした。

178

また，これまでの電力会社は，需要ありきで電源立地してきた。そして，ピーク時に合わせた効率の悪い電源でもあった。今後，太陽光や風力といった変動性の大きな電源が電力系統に入ってくると，電圧や周波数が不安定になるため，バッテリーや蓄電システムをうまく活用するなど，電源系統をシステマティックに管理していく仕組みを整備していかなければならない。

　現在のエネルギーインフラは，電気は電線，ガスはガスパイプライン，熱は熱道管に分かれている。今後は，供給に合わせて電力需要をコントロールする技術が重要となる。需要をきめ細かくコントロールするために，家庭にスマートメーターや家庭用エネルギー管理システム（HEMS）を設置し，これらの情報についてインターネットを介して一元的に管理するためのデジタル化が必要となる。ガスについては，電主熱従のコージェネレーション[2]とセットで整備していくなど，統合型インフラ整備の必要性も挙げられている。

　コージェネレーションシステムとは，熱源より電力と熱を生産し供給するシステムの総称である。典型的なプラントとしては，石炭または天然ガスを燃焼させて発電する一方で，副産物の蒸気を取り出して，暖房あるいは工業プロセスに使用するプラントと考えられるが，例えば，火力発電所の横に化学製品製造の工程をつけ，取り出したCO_2を原料に，プラスチックなどを併産するシステムを考え，排出されるCO_2を回収するだけではなく，利用まで考えたCCUS（CO_2の吸収，利用，貯留）を進めていく必要など新たな展開が考えられる。

　このように，大きく変化する経営環境を踏まえた財務への影響の予測は容易ではない。多くの利用可能な情報を集めなければならないが，多くの情報・

2　通常の火力発電効率は，例えば標準で，100%の一次エネルギー（燃料の熱エネルギー）を用いて，ロスが55%程度になり，送電などのロスが5%程度となり，最終的に電力量（電気エネルギー）になるのは40%程度である（熱効率）。これを例えば，最新の2段階で発電するバイナリー方式やガスタービン・コンバインド方式だと，60%以上に高めることができるという。コージェネレーションでは，電力の利用に併せて，排熱を取り出し，給湯，暖房，冷房へ利用して，総合熱効率を70〜80%ほどに高めることも可能となる。

データが不足している現状にある。開示情報の充実を図っていく必要があるが，並行して，まずは設定可能な仮説を立て，現在利用可能な情報・データを使ってシナリオ分析による予測を開始し，その後利用可能となった追加データ，分析情報による検証を踏まえて，シナリオ分析を精緻化していくといった取組みが必要ではなかろうか。

　急速に進展する科学技術がもたらす社会の変化，また，技術開発側の想定を超えた新たな方向への社会展開など，科学技術と社会との相互作用によるイノベーションを背景に，近年，国内外でホライズン・スキャニングへの関心が高まっている。

　ホライズン・スキャニングは，将来大きなインパクトをもたらす可能性のある変化の兆候をいち早く捉え，強固な政策立案に資することを目的として，政策・研究戦略に関する最先端の事項を観察・分析し位置づけるための，構造化された継続的なモニタリングであると整理されている。対象とするのは，政策，研究，技術，行動・言動，ワイルドカード，ウィークシグナルなどの最先端事項である。欧州では，フォーサイト（未来洞察）の前段階あるいはフォーサイトプロセスの一部として位置づけられ，英国，オランダ，欧州議会などで活用されている。

　エビデンスを基に分析・解釈を行う説明的な手法であるが，科学計量学や特許分析等と異なり，分析・解釈の対象とする情報の範囲が定まっておらず，当然網羅的なデータベースも存在しない。また，インパクトの可能性評価は主観的，創造的，探索的な作業である。

　ホライズン・スキャニングの基本プロセスは，大きく分けて，①情報の収集と分類，②情報の分析（項目の特定とインパクト等の評価），③分析結果の展開（多様な可能性の検討等）の三段階から成るが，このうちの一部を実施する事例もある。評価にあたっては，インパクトの大きさと変化の実現する可能性の2軸で整理する例がよく見られる（WEFのトップリスクも同様の2軸で分析されている）。

　アプローチの方向としては，あらかじめトピックを設定してスキャニングを実施するトップダウンの方法と，広範な情報をスキャンして注目トピックを抽出するボトムアップの方法がある。展望期間は，今後の10〜15年程度が一般的であるが，20年，50年といった長期の展望を行う事例もある。

　情報源は，学術論文，雑誌記事，報告書，書籍，プレスリリース，インターネット情報（ブログ，ウェブサイト）などである。情報の粒度や種類は様々であり，新たに情報収集する場合と既存のデータベースを利用する場合がある。専用のサイトを設け，情報の収集と共有を図る事例も見られる。

　収集された変化の兆候・動向に関する情報は，カテゴリーごとに分類され，潜在的インパクトの種類と大きさ，実現する可能性などの評価が付与される。ワイルドカード（実現する可能性は低いと考えられるが，非常に大きなインパクトをもたらす変化）や小さなシグナル（将来変化の微弱な予兆）にも注目し，将来シナリオ群における両サイドのテイル事象へ着目した考察を実施している。

2　参考となる知見

　シナリオ分析を進めていく中で，分析の向上のために参考となる知見を紹介したい。

(1)　シナリオ分析の強化

　われわれがこれまで経験したシステミックリスクの中で，サブプライムローンをきっかけにした金融危機による教訓は大きい。しかしながら3大脅威は，金融危機とは異なる要素を持っている。つまり，大きな不確実性を孕みつつ何もしなければ確実にティッピングポイントへと近づいている気候変動，日々新たな攻撃にさらされているサイバー空間，人間の体内で変化しながら生き続けるコロナウイルスとの共生やパンデミックへの対応などを考えれば明らかであ

図表Ⅴ－1　新たなシステミックリスクの登場

以前は自然災害の発生のように，財の集積した場所を地震や台風が直撃すると
いった形態が注目された。
しかし最近は，デジタル化，人の移動のグローバル化により，現象の拡散と集
中化が同時に進展している。

⊕ 危機現象	⊶ 共通の要素	⌘ 集中リスク化	⚠ 巨大な影響
• 自然災害	• 台風の発生	• 財・人の集積した場所を直撃	• 財の毀損 • 操業停止
• 金融危機	• サブプライムローン取引	• 証券化により金融システムに拡散	• 金融システム不全連鎖リスクの発生
• サイバーリスク	• クラウドサービスへのサイバーアタック	• 取引のデジタル化によりネットワークの拡散	• 取引不全，レピュテーショナルリスクの誘発
• 気候変動	• 炭素税の導入（移行リスク）	• エネルギー関連価値の上昇が拡散	• 企業の収益低下，座礁資産化，金融システムへの悪影響
• 感染リスク	• 新型コロナウイルスの発生	• 人の移動のグローバル化とリスク心理により拡散・巨大化	• 人の移動制限 • イベント等の中止，実体経済への影響

「サイバーリスク」，「気候変動リスク」，「感染リスク」は，これまで保険経営
が経験してこなかったシステミックリスクの特性をもっているのではないかと
考える。ある意味，「ソーシャル・システミックリスク」と呼びうる。

る。

　まず，これまでわれわれが経験してきた伝統的なシステミックリスク（ここ
では，集積リスクも含めて考える）と，3大脅威の特徴を比較しておこう。**図
表Ⅴ－1**のとおりである。

　ここでは，サイバーリスクと気候変動リスクに関するシナリオ分析について
考えてみたい。

　サイバーリスクについて，既にふれたとおり，ロイズがクラウドサービスを
提供する上位3社（Amazon, Microsoft, Google）のうち1社がサイバー攻撃
で3～6日間停止した場合に，6.9兆ドル～14.7兆ドルの経済損害，1.5兆ドル

〜2.8兆ドルの保険損害が見込まれると報告している。現在のサイバー層と物理層の高度に融合させたシステムでは，企業の活動領域が革命的に拡大していることは事実である。例えば，物理層におけるネットワークとして企業のグローバルサプライチェーンを考えてみたい。製品を製造する企業（元受け）が，製造のための第一層（下請け），二層（孫請け）程度までは把握していたとしても，それ以下の階層については十分捕捉されていないことが多い。しかも，これら関連会社のサイバー層まで含めると，スコープ外となっていることが多い。

　その意味では，サイバー層に，サイバー攻撃が仕掛けられた場合の影響を検討しておくことは有用である。

　過去のデータから割り出した攻撃パターンを参考にすることはできたとしても同じシナリオは使えない。なぜなら，攻撃技術，攻撃主体が日々変化しているからである。それゆえ，将来を予測するためには，直近のリスク傾向を重視し今後起こりうる変化を洞察し，シナリオを創造することとなる。ただし，これらの要素は個々の企業によって相違があるし，時間とともに変化するものであり，それに合わせて枠組み自体も進化させていかなければならない。**図表Ⅴ－2**は，一例である。

図表Ⅴ－2　サイバー攻撃シナリオ

➤サイバー攻撃とそれを防ぐコントロールをストーリー化し，コントロールが破られる頻度を推定
➤最終的に，情報資産が毀損する頻度を推定
➤攻撃・防御の攻防をストーリー化する

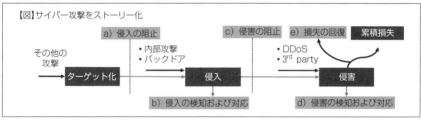

#	防御手段	シナリオ発生頻度推定の例
a)	侵入の阻止	全サイバー攻撃のうち企業のシステム（イントラネット）に侵入できたサイバー攻撃の割合
b)	侵入の検知および対応	アタックの1日平均検出数・無害化数（neutralized）。侵入と侵害の区別はしない
c)	侵害の阻止	情報資産の侵害とセキュリティー措置の失敗の割合
d)	侵害の検知および対応	アタックの1日平均検出数・無害化数（neutralized）に同じ
e)	損失の回復	侵害発生時のダメージ復旧能力

　次に気候変動におけるシナリオについて考えてみる。気候変動問題については，**図表Ⅴ－3**のとおり，様々な関係者により，それぞれのレベルで分析・論議がなされている。

　最近では，利用可能な情報・データも増えている。しかしながら，この問題の複雑さ，不確実性の高さも関係し，まだまだ情報が不足している。ただ，サイバーリスクと同様，企業がシナリオ分析を実施する場合，何を分析の目的にするのか，どのようなリスクを対象にして，その影響はどのように及ぶと考えるのか，といった基本的な要素を整理しておく必要がある。そして，利用可能な公表情報，あるいは関係企業との対話の中で入手した個別情報を使って，第

184

図表V－3 気候変動リスク分析における各種ニーズと現状のばらつき

目的・主体	内容	粒度	対応状況と課題など
気候変動に対する政府間協議	IPCCでの分析・論議。パリ協定への対応。	地球温暖化のシナリオと目指すべき移行社会のあり様（SSP）を検討するための分析となり，超マクロレベルの分析粒度となる。	GCM，IAMを使った分析を実施し，その結果を公表。IAMには，政策判断を重視するトップダウン方式とセクター分析を重視したボトムアップ方式がある。モデルにより，アウトプットには相当の幅がある。
金融当局・中銀による金融システム・保険システムの安定化論議	金融当局・中銀は金融システムへの影響の確認や金融機関のビジネスモデルの変更の要否の確認のため，ストレステストの実施を予定。	マクロプルーデンスを検討するための分析を主眼として，金融機関のビジネスモデル変更と投融資先企業の行動変容による金融システム安定化論議に資するため金融機関のポートフォリオへの影響分析を可能にする粒度が求められる。	ストレステストの実施，および今後予定されている国（英，加，仏，蘭，香港など）。そのシナリオの標準化のためにNGFSでの検討が進んでいる。しかしながら，公表データに基づくストレステストにおいて，各企業の開示が十分でない現状では，リスク係数の設定など制約も大きい。また，温暖化シナリオにより，各国のGDP，各産業・セクター，金融機関への影響には違いがあり，今後の緩和策によって影響には幅がある。
TCFD賛同会社による分析と開示	超長期の企業戦略の検討とレジリエンスに関する分析の始動と開示の促進が目的となっている。	事業会社による分析では，実際の事業投資，業務内容の変革と直結しており，業界内インサイダー情報が豊富なため，その粒度は細かい。一方金融機関は，公表データに基づく投融資ポートフォリオに及ぼす影響分析に主眼があり，利用可能情報には限りがあるため，その分析粒度は粗い。	公表のシナリオや利用可能な公表分析情報（例えば，国際エネルギー機関（International Energy Agency：IEA）のレポート）の活用，最近増えてきた利用可能な外部データプロバイダーの情報を活用した分析を各社試みている。また，アプローチとしては，マクロ・ミクロの双方あり。また，各社のアプローチや粒度には差異がある。ただ，サプライチェーンを意識した分析には，情報が圧倒的に不足しているため，現在は，利用可能データの制約の下で実施可能な分析を行っている感が強い。
個社の内部管理	現時点ではTCFD対応と並行して，実際の事業，ポートフォリオ管理のための内部管理用の分析を実施。	現時点では，シナリオ分析の推進状況にはばらつきが大きい。分析が進んでいる企業においても，定量的分析においては，利用可能な情報・データの制約，超長期の不確実性をどこまでの粒度で分析すべきかの判断にはばらつきがある。	一般事業会社においては，今後の事業戦略の検討。金融機関においては，保有ポートフォリオ管理が目的となっている。企業価値分析を実施しようとすると，ミクロ分析が必要になる。ミクロ分析の精緻度合いは，利用可能なデータに依る。（公表データは限られているため，特に金融機関においては，エンゲージメントによる非公開情報の入手が必要となっている）

Ⅳ章の図表Ⅳ－4（P.147）で整理したように，気候変動リスクによる影響は，広範囲に及ぶ。そのため，各レベル（政府間，各国，各企業，各個人）の行動変化を踏まえて，各企業は自社の財務的影響を評価する形でシナリオ分析を精緻化・進化させていくこととなろう。

⑵　不確実性のリスク化

　リスク管理では，企業価値を変動させる要素（＝リスク）をすべて管理対象とする。中期的分析においては，現在の延長線上で検討できる部分も多いと思われ，リスクについても，既知のリスクが主要な領域を占めることが想定されるが，長期的視点に立てば，まだ認知したことのない新たなリスクも登場する点に留意が必要である（**図表Ⅴ－4**参照）。

図表Ⅴ－4　リスクの3類型

企業を取り巻くリスクは3種類ある

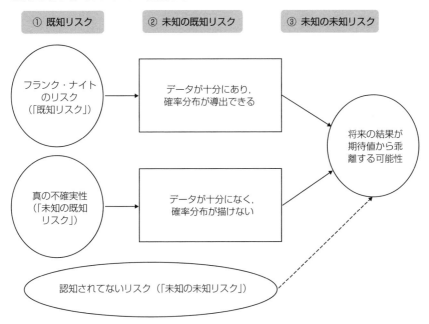

　リスク事情は動態的であり，リスクプロファイルは常に変化している。下記のリスクの3様相に留意した経営管理が求められる。

　まず第1の特徴は，リスクは繰り返すというものである。つまり過去のパターンが将来も繰り返す。これを応用して，評価したい対象の過去のデータのパターンを調べる。例えば，ある事故による損害額のヒストグラムを作ってみる。そのパターンが特定の確率分布（例えば，正規分布）とフィットしたとき，このリスクは正規分布の傾向を持つと考えることができる。この分布の期待値からある一定の信頼水準における予想損失をリスク量とする手法期待値からある一定の信頼水準における予想損失をリスク量とする手法が定量的アプローチでよく使用されるバリュー・アット・リスク（VaR）である（**図表Ⅴ－5**参照）。

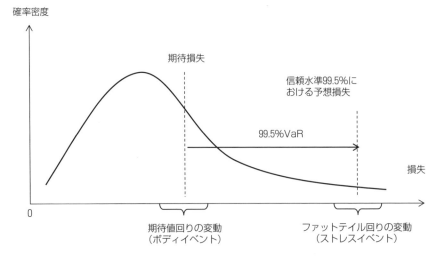

図表Ⅴ－5　**バリュー・アット・リスク（VaR）**

確率密度

期待損失

信頼水準99.5%における予想損失

99.5%VaR

損失

0

期待値回りの変動（ボディイベント）

ファットテイル回りの変動（ストレスイベント）

　これを使って，経営は，ある信頼水準（経営が事業の健全性を検証する際の水準）に関わるリスク量を把握することができる。例えば，100年に1度（99％）あるいは200年に1度（99.5％）程度発生する事故・災害の損害（リスク量）に耐えられる資本を確保するといった考え方の下で経営の健全性を確保

して，将来の不確実性に挑戦して企業価値創造活動を実施するわけである。

　2番目の特徴は，リスクが変化することである。従来計量化できていたリスクが，時間とともに変化する部分があり，実はその不確実性が拡大する可能性がある。この場合，既に承知しているリスクによる損失に関する確率分布の形状が変化しているとするならば，重要な経営指標としてリスク量に差分が生じ判断を誤らせることとなる。

　3番目の特徴は，リスクの新たな登場である。つまり，これまで認識していなかったリスクのことである。しかし，企業は，そのプロファイルが明らかになっていない中で対応しなければならない局面も多い。

　あるリスクに関する情報・データが蓄積されると，上記の1番目の状況に近づいてくる。このような状態になってくると，リスクの知見に基づきリスク量を計測するモデルを構築することも可能になってくる（不確実性のリスク化）。

　古来より人類は，「なぜ」を問うことで，精神的な探究を始め，やがてそれが，書くことや数学，そして法則の概念という科学に欠かせない道具へとつながっていった[3]，と言われている。不確実性に対する「なぜ」をわれわれは問い続けなければならない。

　このプロセスは，保険会社が新たなリスクに対して，保険データを積み上げて保険契約の価格について精緻化していくプロセスと似ている。そこで参考までに損害保険の保険料算定実務をみておきたい。次の3種類のアプローチをとっている。

①　判断法

　科学的根拠をもとに保険料を決めることが難しいケースに用いられる。信頼性が確保できるほど十分な同質の危険集団が形成されていないときに保険料を

3　アインシュタインは，人間が経験できる中で最も美しく深遠なものは，謎めいた事柄に対する感覚である，と述べ，われわれの知りたいという欲求が，芸術や科学における熱心な取組みの根幹でもある，と述べている。

決める方法である。新たな危険を商品化するときのケースなどがこれに属する。保険者が状況と経験知で判断して決める（エキスパート・ジャッジメントと呼ばれる）。

② 損害率法

最初は統計データもなく判断法で保険料を決めた場合でも，徐々に経験から統計データが得られるようになると，勘で定めていた保険料と実績との距離感がわかるようになる。損害率法と呼ばれる保険料の決め方は，その距離感を用いて保険料を見直していく方法である。営業保険料のうち保険金支払に見込まれている割合を損害率と呼んでいる。この損害率，料率改定に活用する。

判断法と損害率法とを活用して一定の時間をかけて合理的にリスクを評価していく考えは，ベイズ推定の考え方を踏襲したものと考えることができる。

③ 純保険料法

営業保険料ではなく，純保険料を先に求めてそれから営業保険料を定める方法である。純保険料のファクターである発生頻度（Frequency: F）と損害強度（Damageability: D）をデータから割り出して計算する（FD法とも呼んでいる）。

この方法は，データが十分存在する場合に取り得る方法といえる。このようなアプローチで客観的確率を推定する方法は，前述のベイズ推定に対して，フィッシャー＝ネイマン推定と呼ばれている。

保険リスク評価（＝保険価格づけ）の進化は，利用可能な情報・データに依っている。その関係を整理すると，**図表Ｖ－６**のとおりである。

図表Ⅴ－6　損害保険リスクの評価のプロセス

保険料率設定法	判断法	損害率法	純保険料法
料率設定ごとのアプローチの特徴(統計推定法)	保険事故の程度を類推可能な間接的データ(媒介変数)に基づき,洞察力(主観的判断)で期待値と最大予想損失を類推し,期待値を超える部分を何年で回収するかによりリスクプレミアムを推定する。(ベイズ推定の初期)	保険引受実績(保険成果としてのL/R)といった直接的なデータ(説明変数)を使って料率を設定する。(ベイズ推定の後期)	保険事故の発生頻度(F)と損害強度(D)の確率分布を導出し,シュミレーションにより統計的アプローチで料率を設定する。(フィッシャー＝ネイマン推定)
ERMにおけるアプローチの分類	定性的アプローチ	定量的アプローチ(マクロ的)	定量的アプローチ(ミクロ的)
気候変動リスクによる保険リスクへの影響を推定	現時点で賠償責任保険に関する気候関連支払事例は報告されていない。ただ,各国で提起されている気候関連訴訟を類型別に分析し,その判決動向をモニタリングする必要がある。その際,法域による判断の特徴や,1つの判決がシステミックリスク的に連鎖する特徴を踏まえておく必要がある。いかにシナリオを設定し,リスクを予測するかがポイントとなる。	事業収益保険のように,保険契約者が移行リスク,物理的リスクにより事業収益に変化が生ずると,保険者にとっては,契約者の保険購入可能性(Affordability)とリスク判断に変化が生ずる。当然L/Rに影響する可能性がある。	自然災害(物理的リスク(急性))については,現時点で自然災害モデルによるリスクカーブが気候変動によりどのように変化するかを推定する。

3　動態的管理の強化

(1)　リスク構造分析の強化

　3大脅威の原因によって現在のシステムが普段どおり機能しなくなるなら，ERMとしては新たなシステミックリスクとして意識する必要がある（**図表Ⅴ－7参照**）。

図表Ⅴ－7　**経済活動の基本インフラが変革⇒新たなシステミックリスクの登場**

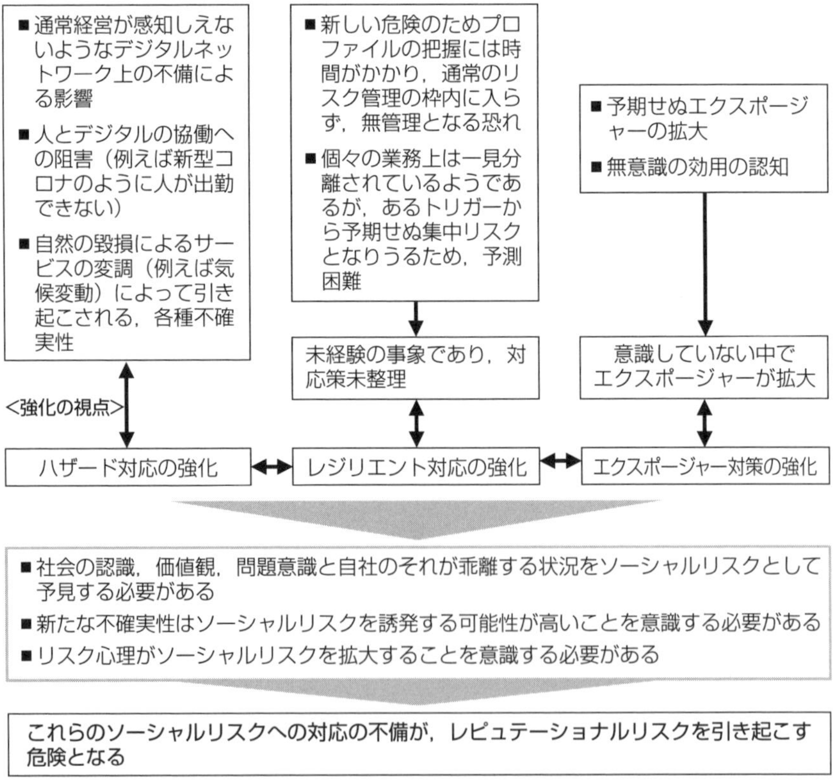

- 通常経営が感知しえないようなデジタルネットワーク上の不備による影響
- 人とデジタルの協働への阻害（例えば新型コロナのように人が出勤できない）
- 自然の毀損によるサービスの変調（例えば気候変動）によって引き起こされる，各種不確実性

- 新しい危険のためプロファイルの把握には時間がかかり，通常のリスク管理の枠内に入らず，無管理となる恐れ
- 個々の業務上は一見分離されているようであるが，あるトリガーから予期せぬ集中リスクとなりうるため，予測困難

- 予期せぬエクスポージャーの拡大
- 無意識の効用の認知

未経験の事象であり，対応策未整理

意識していない中でエクスポージャーが拡大

<強化の視点>

ハザード対応の強化　◄►　レジリエント対応の強化　◄►　エクスポージャー対策の強化

- 社会の認識，価値観，問題意識と自社のそれが乖離する状況をソーシャルリスクとして予見する必要がある
- 新たな不確実性はソーシャルリスクを誘発する可能性が高いことを意識する必要がある
- リスク心理がソーシャルリスクを拡大することを意識する必要がある

これらのソーシャルリスクへの対応の不備が，レピュテーショナルリスクを引き起こす危険となる

　これまでの整理から明らかになってくることは，移行社会の渦中にあって企業を取り巻く環境は未知リスクに溢れ新たなシステミックリスクの脅威も時間とともに動態的に変化することを覚悟しなければならない。このような経営環境の変化をリスク管理プロセスに組み入れ，動態的に対応していく必要がある。図表Ⅴ－8のとおりまとめることができる。

図表Ⅴ－8　**動態的経営環境を踏まえた「リスクの特定・評価」と「リスク管理」における視点**

＜動態的リスクへの対応＞	＜リスクの特徴＞	＜動態的管理への移行＞
・現時点のリスクの特定・評価をリスクの3要素（ハザード，曝露，脆弱性）の観点から実施 ・この場合の残余リスクは次の通り評価される 「本源的リスク－リスク制御効果－リスク財務効果」	「リスクの3様相」 ①リスクは繰り返す ②リスクは変質する ③リスクは登場する	左記①の場合（既知リスク）は特段の補強の必要はないが，②③の場合（未知リスク）は，改めてリスクの特定・評価を実施する必要がある

未知リスク（②③）の場合，これまで既知リスクに関して成り立った知見は直接適用できず，改めて検討し直す必要がある。
その際，次の要因に留意しなければならない。

・情報・データの不足，経験知の不足から，リスクの特定・評価に多くの不確実性要素を含む（リスク管理として，不確実性をリスク化し得ていない状況）
・未知性が高いという理由で意思決定・行動を遅らせるとリスクを拡大させる恐れがある。→判断のタイミング（意思決定の時間軸）について十分に検討する必要がある
・定量的アプローチが活用できない可能性が高く，当初は定性的アプローチの活用を検討する
・ESG要素(非財務的要素)にかかわる課題解決における企業の社会的責任の考え方も大きく変化しており，本来企業として採るべき行動自体について，企業倫理の視点に立ち返って検討する必要がある
・大きく経営環境が変化しているときには，企業が組織として的確に行動するためには，ガバナンス，リーダーシップ，カルチャーなどへの適切な対応が必要となる

未知リスク（②③）に対し，リスク制御・リスク財務面での補強（レジリエンスの向上）について検討しない限り，企業の財務健全性は低下することとなる。

パラダイムシフト時には，「フォワードルッキング」のみでなく，洞察力に基づく「バック・キャスティング」による動態的マネジメントの強化が必要である。

　この環境を踏まえ，強化しなければならない管理上の要素について以下整理する。

　現状の経営環境（静態的要素）に対して上記分析で明らかとなる各層ごとに

192

図表Ⅳ-9　今後のERMへの要請：パラダイムシフトに即応しうる動態的対応能力

- パラダイムシフト：ある時代のものの見方、考え方を支配する認識の枠組みの変化
- トランスフォーメーション：事業構造（ビジネスモデル）の抜本的変革

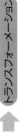

環境変化 → パラダイムシフト → トランスフォーメーション

従来のシミュレーション（シミュレーション1）

将来を予測しようとする場合、現時点（t_0）から将来の起こりうるシナリオを描写しようとするのが普通である。しかしそれは、現在すでに存在している（顕在化している）環境を前提にアンカーリングされたシナリオしか想像できない。

t_0　　t_{10}

今後のシミュレーション（シミュレーション2）

逆に10年後の社会・経済を変革させる主要なドライバーに着目し、10年後の環境前提を大胆に想像したうえで、そのドライバーが創造する可能性の世界を描き、その世界から現在（t_0）にパスを引いてみる。

可能性のある世界

t_0　　t_{10}

シミュレーション1（フォワードルッキング）の期待値とシミュレーション2（バック・キャスティング）の期待値パスを比較する。

t_0　　t_{10}

ギャップ（＝戦略的リスク）の認識と適切な時間軸による対処の検討→長期戦略

戦略的リスクの認知が動態的ERMの起点

（出典：後藤茂之『ERMは進化する』2019年、P.54、図表1-6 を基に編集）

固有のインパクトの存在とそのインパクトを誘発する要因（動態的ハザード）が確認できるはずである。従来のフォワードルッキング方式による静態的ERMでは，現在の経営環境を前提としているため，動態的ハザードが考慮されていない。そのため，当該要素を加味したバック・キャスティング方式の将来の企業価値の予測は，従来の企業価値とは乖離するはずである（**図表Ⅴ－9**参照）。この分析を踏まえて，従来の短期・中期経営計画に加え，長期戦略とリスク管理計画を追加する必要がある。

　超長期のビジョンを経営戦略に組み入れるアプローチとしてZoom out/Zoom in[4]という手法がある。具体的には，10～20年の長期的なビジョンを作成し，ビジョン達成のために最も有望な事業領域や戦略を特定（Focus）するZoom out（長期的視点）の経営サイクルと，長期のビジョンや戦略に最もインパクトを持つ6カ月～1年の実行計画を策定（Define）し，十分なリソースを動員（Mobilize）するZoom in（短期視点）の経営サイクルを並立させ，相互に反復させる。それにより，適切な軌道修正を重ねながら，不確実な環境下でありながらも，現実味のある長期ビジョンを実現する経営サイクルを機能させる，というものである（**図表Ⅴ－10**参照）。

　Zoom Out/Zoom Inを的確に実施するためにも経営環境の変化に動態的に対応する必要がある。そのためには，フォワードルッキングとバック・キャスティング[5]の思考をぶつけ合いながら，その差分から環境変化に伴う戦略リスクを特定することが有用と考えられる。

4　シリコンバレーにあるデロイトのシンクタンクであるセンター・フォー・ザ・エッジが提唱している。Zoom Out/Zoom In Strategy | Center for the Edge | Deloitte Netherlandsより関連情報の入手が可能である。

5　イノベーション理論の中で使用されるバック・キャスティングという用語は，従来の技術を改善することによって未来のあるべき姿に到達しようとする漸進的な技術革新（Incremental innovation）を意味するフォワード・キャスティングでは未来のあるべき姿には到達することができないことから，その反対に，到達すべき姿から何をすべきかを逆算して行動する根本的な技術革新（Fundamental innovation）が必要ということを示しており，そのアプローチをバック・キャスティングと呼んでいる。これは，クリステンセンの持続的技術と破壊的技術にも相対する概念といえる。

194

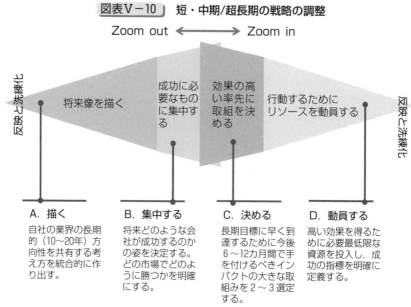

図表Ⅴ-10　短・中期/超長期の戦略の調整

Zoom out ←――――→ Zoom in

反映と洗練化

将来像を描く　成功に必要なものに集中する　効果の高い率先に取組を決める　行動するためにリソースを動員する

反映と洗練化

A. 描く
自社の業界の長期的（10〜20年）方向性を共有する考え方を統合的に作り出す。

B. 集中する
将来どのような会社が成功するのかの姿を決定する。どの市場でどのように勝つかを明確にする。

C. 決める
長期目標に早く到達するために今後6〜12カ月間で手を付けるべきインパクトの大きな取組みを2〜3選定する。

D. 動員する
高い効果を得るために必要最低限な資源を投入し，成功の指標を明確に定義する。

（出典：Deloitte Center for Edge "Zoom out / Zoom in" P5から抜粋し一部加筆）

　Zoom outは，長期の変化を踏まえて，企業のあるべき姿を描き，それを踏まえてZoom inでは，その将来の姿につながる足元に存在する案件を選別することにより，長期の事業ポートフォリオと足許の取り組みをつなげていこうとするアプローチといえる。

　システミックリスクの特徴は，複雑で有機的につながった系に対して，どのようにアプローチするかの課題がある。

　生命体の仕組みは未だ十分解明されていない。多田富雄の次の指摘は示唆深い。

　「生命には何段階もの階層構造がある…個体はさまざまな臓器によって構成され，臓器は多様な細胞によって形作られる。細胞はさらにそれを構成する蛋白質や遺伝子などの分子によって運営され，分子はその下の階層に属する原子

やイオンから成る。こうしたセイメイの階層構造の中では，下の階層でのルールは上の階層での現象を拘束はするが，すべてを説明することはできない。たとえば細胞の働きは人間というもうひとつ上の階層の生命現象を作り出すが，細胞レベルでのルールは，人間の行動や社会性などを説明することはできない。…しかし一方，下の階層でのルールは，上の階層でのルールを制限していることも確かである。…これまでに発見されているアポトーシスの遺伝子は，まず生物の死が必然であることを教え，その上で人間がより進化した死を選ぶことができることを示していると思う。そして，個人の死を，単にひとつの固体の消滅とみるだけではなく，何億年という生命進化の流れの上に必然的に起こる生命現象と理解するとき，私たちはもうひとつの次元で自分の死を考えることができるのではないだろうか[6]。」

　第Ⅲ章で地球システムの動態的変化を分析するDPSIRの枠組みに触れた。複雑な不確実性を体系的に分析するためには，このように階層的関係を踏まえて理解し，相互依存関係にある要素を分析しなければならない。また多田の指摘も踏まえ，下位の仕組みは一部上位の仕組みを制約するが，上位には上位の層における別の枠組みが存在することを認識する必要がある。参考までに「3層考察」を提示しておきたい。

● 第1層の考察（マクロ的分析）：移行社会への対応の方向感…自然界，人間社会の関係を踏まえた有りたい姿の考察 → 2100年に向けた緩和策，適応策の組み合わせと有りたい将来の社会像を踏まえた気候変動シナリオの想定 → 今後社会全体としての活動面における方向性の確認と，企業に求められる期待の確認。

● 第2層の考察（セミ・マクロ的分析）：上記シナリオに従った際に想定され

6　多田富雄『からだの声をきく』（2017年，平凡社STANDARD BOOKS），P.69〜71。

るインパクトに関するマクロ経済分析の実施 → 企業にとって，気候変動リスクを外生的に組み入れた将来の経済状況（セクター別の特徴も含む）の把握。

●第3層の考察（ミクロ分析）：個別企業のポートフォリオへの財務インパクトの分析 → 個社固有のポートフォリオの特性を踏まえたシナリオごとの財務インパクトの分析。

(2) 動態的ERMの導入

不確実な環境の下での行動学として，センスメイキング理論がある。これは，例えば，山登りする人は，登山前に山の状況を理解しようとしても無理がある。山登りを開始し，種々の経験をすることによって，理解できるようになる。このように，環境に対して働きかけることがプロセスの始まりと考える。行動し，行動し続けながら，状況を少しずつ理解するアプローチが不確実な環境下では現実的なアプローチであると説く。つまり，行動を起こし，環境に働きかけ，新しい情報を感知する必要がある。この場合，小さなシグナルを感じる能力が必要となる。また，ともかく行動させるために，多様な解釈が可能な中で，周囲に理解させ，ある行動について納得させ，組織全体で解釈の方向を揃え，腹落ち（Sensemaking）させる必要がある。

4 倫理とリスクの包摂的思考

(1) 社会的価値を反映したリスクの意味

リスクの専門家がとるアプローチは，経済的で統計学的なリスク評価（Risk assessment）と呼ばれ，市民は，リスク認知（Risk perception）でリスクを捉えることが多い，と考えられている。これまでの実証研究から，後者の評価

は，2つのイメージ尺度（「恐ろしさ（Dread）因子」，「未知性（Unknown）因子」）に大きく影響を受けると報告されており，リスクに対する判断に違いが生じる[7]ことが指摘されている。

　中西準子は，このスロビックの専門家と市民のリスクに対する評価の違いの分析結果を踏まえて，次のとおりコメントしている。

　「この結果でみる限りでは，市民の判断が非科学的とは言えない。ある事象の結果が人類や地球を破壊に導く危険性をはらんでいれば，一度起きればお終いであり，確率が低いということは起こらないことを保証していないので，その生起確率によらず恐いと考えて，そのリスクを避けようとするのは当然だからである。未知因子が大きければ，危険を大きく評価するのもまた，当然である。さらに，第一因子の中に含まれている不公平性もまた，リスクを期待値だけで判断できない要因であることもまた，合理的なのである。不公平であれば，ある特定の人だけが危険性を背負い込み，また別の特定の人だけがそれにともなう利益を享受するからである[8]。」

　このコメントは興味深い。本書の中で，企業の経営管理が科学的分析という文脈で，これまで，工学的アプローチでリスクを評価してきているのに対して，移行社会に向かう中で，社会的課題の解決にかかわる貢献が企業の社会的責任においてますます重要になってきている，と述べた。そして，社会一般の捉えるリスク評価や価値判断と企業内部のそれとの間に乖離が生じたとき，企業活動が社会という文脈の中で評価されず，ソーシャルリスクの誘因となる，と述べた。地球の将来や次世代への危険性を心配するという市民としての価値観に寄り添ったリスク評価の意味を理解することがますます重要となっている点を改めて感じる。

7　Slovic, P.(1987)"Perception of Risk", Science, Vol.236。
8　中西準子『環境リスク論—技術論からみた政策提言』(1995年，岩波書店)，P.113。

　よくリスクには，量的側面と質的側面があると言われる。工学的アプローチは，損害額について市場評価を重視する。しかし，市場外に置かれた価値を再認識する動きが起こっている。ESGを中心とする非財務情報が示す価値が一例であるが，これは，リスク要素として，何を重視するかといった観点であり，その観点が異なると評価されたリスクの質が違ってくるという意味からも，今後十分認識しておくべき視点だと考える。

⑵　パラダイムシフトと社会的責任の再定義

　最近の企業自体が置かれている次の環境変化に注目しなければならない。社会が持続的発展を続けるためのグローバルな課題に対して，社会の市民としての企業には，企業活動を通じたSDGs解決への貢献が期待されている。このように，CSV経営の推進のためには，組織を指揮・統制するガバナンスに社会の価値観とのギャップ（ソーシャルリスクの要因）を生まないための実効性が求められている。そのためには，現代の3大脅威に代表される新たなリスクが登場してきた背景を意識する必要がある。次の3つの特徴を指摘しておきたい。

　1つは，これまでの社会経済発展の陰に隠れて犠牲になっていたものが顕在化したものであるという事実である。従来明示的に視野に入れていなかったこれらの要素を踏まえた意思決定には，これまでの価値観を抜本的に変更させる要素がある。

　2つ目は，これまで人類が構築してきたパラダイムが非連続に変化しようとしていると考えられることである。

　3つ目に，このような変化の中では，既存の対応の枠組みは機能しなくなる危険があるといった認識が不可欠となることである。

　トーマス・クーンは，『科学革命の構造』の中で，現場の科学研究に密着した感覚の中から，既存の科学で十分説明できない状況（危機）が起こると，科

図表Ⅳ-11　動態的対応を可能にする実行性の確保→ハード・ソフト両面の経営管理強化

企業活動は将来への働きかけ。将来はリスクを伴う。リスクは機会と損失の源泉。いかにリスクに対処するかは経営管理の根幹。

<ハード面の管理>

投機的リスク（ビジネスリスク）・・・企業活動に関連して発生するビジネス上の利得と損失の可能性

経営目標 → 目標達成のための道筋（戦略） → 期待する収益レベル ⇕ ギャップ＝リスク（期待値との関係では正・負双方の可能性）現実の着地レベル → リスクコントロール／リスクファイナンシング ＝リスク処理

純粋リスク・・・企業活動に関連して発生する損失発生の可能性

ハザード（危険事情） → ペリル（危険事故） → ロス（損失）

リスク管理プロセス

負の投機的リスクと純粋リスクへの対処

リスクの特色・評価 → リスク処理 → 検証 → 改善

管理の視点
・残余リスク（本源的リスク－リスクコントロール－リスクファイナンス）と資本の関係＝財務の健全性
・収益レベルと投入資本との関係＝資本効率

<ソフト面の管理>

企業および組織構成員各人の行動のあり様をモニタリングし、是正する（実効性の確保）

ある事実の発見（認知） → 事実に対するリスク・センス（感性） → リスクと企業価値へのインパクトを想定できるリスクリテラシー → 行為への動機づけ → 行為 → 結果

リスク判断

リスクカルチャー

不確実性に対してどうすべきか＝企業倫理（帰結主義、非帰結主義）の重要性が注目されている。

危機（企業存続の状況）に際してのレジリエンス（耐性、復元力）の重要性。

学革命を準備するといったダイナミックなプロセスを「パラダイムシフト」と呼んだ。量的・質的に次世代に向かって社会環境や価値観が変化しようとしているとき，企業にとっては，組織を指揮・統制するガバナンスの機能強化，経営管理の革新，新たな組織倫理・文化の醸成がなによりも大切となる。環境変化の方向性を確認しつつ組織の実行性を担保する枠組み構築に腐心しなければならない（**図表Ⅴ－11**参照）。

(3)　企業倫理とリスク管理の統合

　通常の業務の遂行は，特段倫理的な検討を必要とするものではなく，これまで組織内で共有している方法を使い日常的に処理していく。これは，リスク管理に関わる意思決定においても同様である。つまり，既に定量化するに至った既知リスクについての処理は，改めてリスク管理プロセスを回しリスク処理方法を策定する必要はない。

　それでは，倫理的視点で検討する必要があると感じるのはどういうケースなのであろうか。少なくとも，これまで経験したこともなく処方箋もないケース（例えば，遺伝子操作，人工知能などの新たな技術が，あるいは世界的な感染症などの流行が予期しない事態を引き起こし通常の日常を根本的に変えてしまうなど）に出会った場合とか，他社で起こった事例において，今まで想定もしなかったような展開をたどったり，社会から驚くような反応を受けたりといったケースに直面し，今まで使用していた倫理的考え方が適用できないと感じた場合は，改めて倫理的観点から検討し直す必要性にかられることであろう。これは，リスク管理の場合も同じである。例えば，新たなリスクが登場した場合，既存のリスクが変質したと感じる場合がこれに当たるだろう。この場合には，改めてリスク管理プロセスを回して，新たに処方箋を検討しようとすることであろう。

　このように考えていくと，今後社会が変化していく中で，新たなリスクの登場やリスクの変質が生じた場合は，倫理面，リスク管理の両面での検討が必要

となる。

　倫理とリスク管理の包摂的思考が不可欠になっている理由は，社会と企業との関係の大きな変化をいかに的確に捕捉し，経営管理に取り込んでいくかが企業の持続的成長にとって極めて重要になっているからである。

　ここで，気候変動にかかわる企業の法的リスクの現状を考えてみたい。

　第Ⅰ章3⑵で，法と道徳の関係について整理した。社会が大きく変わろうとしているとき，法は後追いすると述べた。そして，質的に変化する将来への的確な備えのためには，バック・キャスティング的に将来を検討しなければならないと述べた。これは，現在の訴訟内容のみへの対応を考えていたのでは，将来の影響を捕捉したことにはならないからである。しかし，既に気候変動に関する訴訟は変化していることを指摘しておきたい。

　大坂恵里によると，米国での気候変動関連訴訟を類型化すると，次の3つに分けられるという[9]。

① 　行政庁による気候変動対策の懈怠を主張して，当該行政庁を被告として，規制を開始または強化するよう求めて提起するもの

② 　行政庁の規制によって気候変動対策を要求される事業者が，当該行政庁を被告として，規制の合憲性や合理性を争うために提起するもの

③ 　州や私人が，温室効果ガスを大量に排出する事業者を被告として，温室効果ガスの排出量削減や，気候変動が原因であると主張する損害（土地の浸食など）の賠償を求めるために提起するもの

　気候関連の訴訟に直面する可能性は，その国の訴訟文化や訴訟制度（例えば，敗訴した原告が被告の弁護士費用を負担するとか，懲罰的損害賠償の制度の存

9　大坂恵里「アメリカにおける気候変動訴訟とその政策形成および事業者行動への影響（1）」『東洋法学』第56巻第1号（2012年7月）P.85, 86。

202

在，集団訴訟の提起など），気候変動に対する政府の行動や不作為に対する不満の度合い，気候に起因する身体的損失の頻度と規模，気候関連の権利と義務を確立する規制の枠組みと判例の存在など，様々な要因に左右される。

　国連環境計画（UNEP）と米コロンビア大学サビン気候変動法センター（Sabin Center for Climate Change Law）が2017年にまとめた報告書[10]によると，2017年3月時点で，894件の気候変動関連訴訟が確認されている。その国別内訳は，米国で，654件，オーストラリアで80件，英国で49件，EU司法裁判所で40件，ニュージーランドで16件，カナダ，スペインでそれぞれ13件，フランスで4件，その他25件となっている。

　その後も訴訟は増加しており，管轄権の範囲は拡大し続けている。エネルギー会社や鉱業会社にとって，訴訟リスクを意識した対応は当然といえるが，今後は，より広範な視点で，例えばサプライチェーン全体での包括的なモニタリングの視点で，気候リスクを開示し，地域社会との良好な社会的関係を構築することが重要となってくるものと考えられる。

　第Ⅰ章3(2)で，無過失責任の製造物責任法が成立するまでの論議に触れ，第Ⅲ章1(4)倫理学の観点からの検討で，製造ライフサイクル上の責任という概念について触れた。これは，製造物責任の考え方の変化であるが，振り返ってみるとその質的変化は極めて大きい。今後気候変動に関する企業の責任がどのように変化するのか十分注意して分析していく必要がある。

　米国の訴訟リスクを巡る問題は，古くて新しい問題である。訴訟社会である米国の司法制度（例えば，懲罰的賠償制度や陪審員制度）の特徴や成功報酬に基づく弁護士社会の特徴が時代時代の価値観の変化に応じて訴訟リスク（賠償金の拡大）に発展する。それゆえ，米国のソーシャルリスクを考える際，訴訟

10　UN Environment Programme and Columbia Law School,The Status of Climate Change Litigation A Global Review, 2017, P.11

リスクを含めた形で考える必要がある。

　ソーシャル・インフレーションという言葉も使われているようである。

　通常のインフレーションより，賠償金の伸び率が高くなっており，その原因が上記米国の賠償責任の仕組みの中にあるということで，保険会社は，現在保険金支払いに至っていない未決の賠償責任保険クレームの支払準備金の額を上乗せしている（これをソーシャル・インフレーションと呼んでいる）。

　ペインは，なぜビジネスリーダーたちが自分の行動計画に倫理をつけ加えるようになってきたかを問う。そして，「ひとことで言うと，健全な倫理原則に基づいた価値観の体系こそが優れた組織を構築する基礎だと考える経営者が多くなってきたということである。そうした経営者は，組織の誠実さは企業の財産だと考えて，企業の中に倫理的な自立能力を育てようとしている。組織の誠実さはもちろん単に倫理だけに依存するものではないが，企業の目的と責任に根ざした倫理的な枠組みがなければ，組織の誠実さは生まれてこない[11]。」と指摘し，「誠実さの構築に成功するためには，自分の組織の目的と責任について明確な考えを持ったリーダーが必要である。明確にされた目的と責任こそが，社内に会社の価値観の体系を定着させ，会社の戦略や構造や意思決定を導いていく倫理の枠組みの核心となる。それなしに実体と方向性を欠いていたのでは，いくら誠実さを構築しようと努力しても，その努力は一向に実らないだろう[12]。」と締めくくっている。

5　まとめ

　本章をまとめてみたい。

　今後，企業を取り巻く環境は大きく変化する。社会との良好な関係の構築と不確実性への的確な対応が，今後の持続的成長にとって必要条件となる。長期

---

[11]　リン・シャープ・ペイン『ハーバードのケースで学ぶ　企業倫理―組織の誠実さを求めて』（梅津光弘，柴柳英二訳，1999年，慶應義塾大学出版会），P.1。

[12]　ペイン，前掲注11，P.305。

的な環境変化を反映させたバック・キャスティングなアプローチを組み入れて，長期シナリオ分析を試みたとする。その際，企業の社会的責任を踏まえて，将来への対応の選択肢について検討することは意味があろう。応用倫理学は，論議の対象となる領域の専門性と倫理の専門性の接点の下で検討されるものである。

社会の枠組が大きく変わろうとしている状況では，将来の経営環境を俯瞰した上で，大きな方向観を確認することが重要と考える。

このような検討から今後のソーシャルリスクを積極的に防止しつつ，社会の良き市民としてどのように行動すべきなのかを明らかにしていくことは持続的成長を実現するために必要なステップとなる。この過程で回避すべきシナリオへ誘導する重要な要素の抽出が行われる。このステップを経て，今後の変化を踏まえたリスクの重要度を洗い直してみる必要があろう。例えば，現在保有しているリスクを不確実性と保有規模の２軸のマトリクス上に可視化し，それぞれの変化の方向性や未知リスクの可能性を検討することは重要といえる。動態的リスクマトリクスのイメージは**図表Ⅴ－12**のとおりである。長期の社会の変化を踏まえた社会価値は，市場メカニズムには十分浸透しておらず企業の経済価値には反映されていない。しかしながら，時間の経過とともに財務情報に反映されていくものと考えられる。したがって，企業の超長期予測に基づく戦略の方向性論議においては，社会価値と経済価値について考察する必要がある。社会の変化と価値観，その中で企業の存在意義を強く意識した倫理的思考が求められる。つまり，企業の長期戦略と，中期，年次計画の擦り合わせの過程において，倫理とリスクを統合的に検討する必要がある。このプロセスをイメージで表すと，**図表Ⅴ－13**のとおりである。

さて，ここで実際の企業の意思決定に沿ったまとめもしておきたい。企業活動に関わる将来の不確実性下の意思決定には少なくとも２つのアプローチが考えられる。それを，ここでは，ポートフォリオ型意思決定と，シナリオ型意思決定と呼んでおきたい。その違いは，どの経済主体による意思決定か，意思決

図表Ⅴ－12　動態的リスクマトリクス

■動態的な環境前提の変化を取り込んだバック・キャスティングにより，長期的なハザードの変化による企業価値へのインパクトを，既存のERMの枠組みと連動させる必要がある

■バック・キャスティングから見えてくるインパクトは時間軸，不確実性の両面から既存のERMが扱うリスクとは同質には扱えないものの，短期・中期リスクポートフォリオと，将来新たに登場する可能性のある長期的リスクを，企業の価値へインパクトを及ぼす可能性という視点から統合して鳥瞰しておくことは重要となる

■また，短期・中期で確認され，現在対応しているリスクについて，バック・キャスティングの検討の中で予測される将来のリスクの変化の方向性を認識することにより，不確実性と企業価値への影響を追記しておくことは，より長い時間軸での対応の視点を提供することとなろう

■これらを1つのマトリクス（不確実性と企業価値への影響という2軸）上に表示することにより，短期・中期／長期の関連を意識した，戦略検討，リスク管理計画を検討するために有用と考える（下図のイメージ参照）

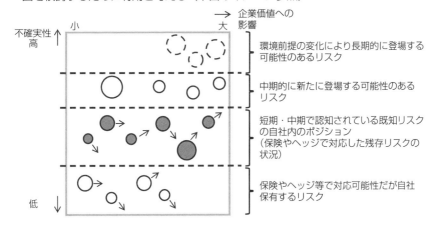

定者にとってどのような選択権があり，直接関与できる領域は何か，その選択において不確実性をどのような形で評価しようとするか，といった点から生じるものと考えている。

　例えば，次のように考えるとわかりやすい。企業活動の源泉は金融市場から調達するキャッシュによって賄われる。各企業は，そのキャッシュを元手として，リスクとリターンを統合的に検討し，具体的な経営目標（企業価値の創

図表Ⅳ－13　中長期戦略の連動と調整（倫理とリスクの統合的思考）

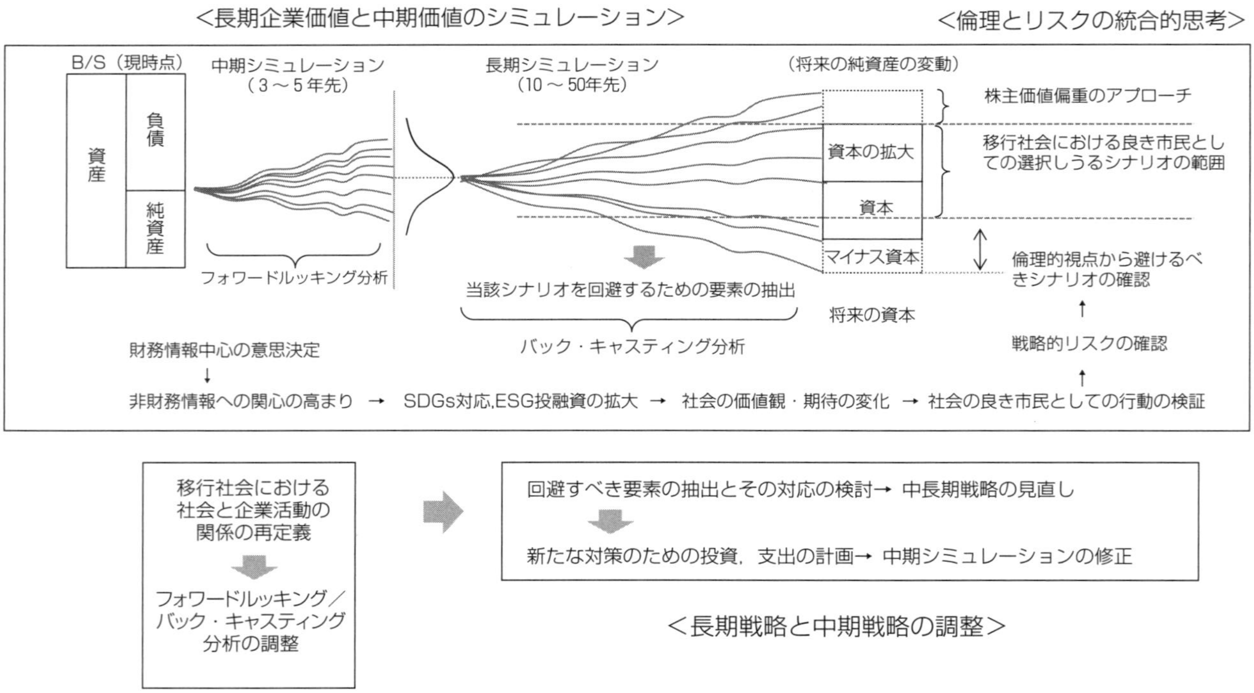

造）を設定し，その達成のための道筋（戦略）を策定する。それに基づき1年間の活動を続け，業務成果を開示する。業務成果に応じて投資家（株主，債権者）に還元することとなる。

　投資家の行う意思決定が，典型的なポートフォリオ型意思決定といえる。投資家は，投資するにあたって，主として公表データを手掛りとして投資先企業に対して，将来の企業活動を想定し企業価値創造の推定を行う。その際，短期・中期・長期のどこにどの程度の重きを置くかは投資家の方針に基づく。投資家は，企業の具体的戦略自体に能動的に関与することはできないが，投資判断には能動的にかかわる。この決定の結果，投資先企業の活動原資に影響を及ぼす投資ポートフォリオが形成されることとなる。銘柄選定は，例えば，株式投資の場合，これまでの企業の成果に対する投資家の判断の結果としての株価のデータから導出される確率分布に加え，今後の事業活動に関するIR情報，エンゲージメントの結果得た情報などを総合的に検討して判断を下すこととなろう。このような形で，ポートフォリオ型の意思決定においては，ポートフォリオに組み入れる銘柄の取捨選択を通じて，ポートフォリオ全体のアウトプットを極大化しようとする。

　これに対して，シナリオ型の意思決定としては，個々の企業が自らの事業に対して行う意思決定が典型的なものである。これは，実務的には2段階のステージに分かれているものと思われる。すなわち第1段階では，多数の選択肢の内，どの戦略を選択するかのステージである。ここでは，企業の持続可能性を念頭においたハイレベルの視点から，主として倫理的観点とリスク管理的観点から基本戦略が選択される。第2段階は，選択された基本戦略を実際に推進していく際に想定される戦術も含めて多数のシナリオが想定されることとなる。具体的にどの戦術を採用するか，そして具体的な方策を想定した実行計画，予算化をイメージするといった流れとなる。ただ，将来は誰にも正確に予測できないので，帰結する価値の変動を意識しなければならない。例えば，目指すべき事業ポートフォリオの着地をイメージし，その価値の変動を過去の利用可能

データで確率分布化し，その期待値の共有と一定の信頼水準における価値の変動を覚悟することとなる。投資家も保有継続を前提にエンゲージメントを実施する場合は，投資先企業の価値創造の推定は同様のアプローチとなる。

なお，今後の移行社会を念頭におくと，これまでの財務情報に基づく上記各プロセスの意思決定において，ESG要素がさらに段階的に多く組み込まれていくこととなろう。その際どのような点に留意が必要か，企業としてどのような対応が必要となるかについて，本章2(1)では，新たなシステミックリスクを例にとりシナリオ分析の強化について検討した。

長期のシミュレーションをあまり詳細に実施しようとしても，その労力に比しメリットが少ないともいえる。なぜならば，今後の社会はダイナミックに変化するためである。しかし重要なことは，このような中期・長期のすり合わせ，フォワードルッキングとバック・キャスティングの総合的分析の実施は，動態的経営管理を実践するためには不可欠となろう。そして，企業が長期的視点から良き市民として活動を続け，CSV経営により経済価値のみならず社会価値を創造し続け，結果として長期的価値向上に結びつけるためには取り組むべき挑戦といえよう。

移行社会への本格的な取組みは入口に立ったばかりである。企業および各ステークホルダーにおける今後の意思決定は，相互に影響し合い，ベストプラクティスに向けて試行が続けられていくものと考える。社会の基本的な枠組みが変化するときには，企業も基本に戻ってその対応を検討することが何よりも重要となることを最後に改めて強調しておきたい。

あとがき

　企業は常に革新を続けています。同様の商品・サービスを提供しているように見えても，変化する環境に応じて新たな対策を講じ，補強を繰り返しています。

　ただ，長期で捉えたとき，その環境が大きく質的に変化する時期があります。人はそれを「パラダイムシフト」と呼んでいます。しかし，まさに変化の渦中に身を置いているとき，それほど大きな変化ではないのではないかと錯覚したり，あるいはそのように思いたい感覚に陥りがちになることもあります。

　このようなとき，多面的な個々の動きが大きなうねりを創り，全体が次の時代へと移行していることを感じること，その方向性を冷静に見極めること，そして新たな軌道へと組織を導いていくために，組織を指揮・統制すると「ガバナンス」がなにより大切になっているものと考えます。

　企業活動は，常に能動的に社会へ働きかける実践といえます。方向性を示すだけでは十分でありません。現象として現れた具体的な課題の数々を受け止め，的確に対応していくことが必要です。

　「持続可能性」という言葉が社会，企業，個人の次元で頻繁に使われています。「移行社会」との関係で持続可能性を具体的に定義していくことが求められています。本書はこのような環境を背景としています。

　今長引くコロナ禍というこれまで経験したことのない環境が，改めて，社会と企業の関係は？　企業の持続的成長とは？　といった基本事項につき考える機会を与えてくれたとも思っています。

　本書の至った結論は次のとおり整理できます。つまり，持続的成長の必要条

件は，まず企業の羅針盤たる「社会における存在意義（企業倫理）」を明確に再定義し，「経済的に存続し得る態勢（リスク管理）」を強固にすることの重要性です。基本は常にシンプルだと感じますが，その基本事項をいかに深く多面的に検討し，実際の行動に移せるかが，持続的成長の十分条件と考えています。

　本書出版においては株式会社中央経済社の奥田真史氏に，編集全般にわたりお世話になりました。心より感謝いたします。

　また，本書の完成を日ごろから支えてくれた家族に感謝します。

　本書の内容は筆者個人の責任のもとに書かれたものであることをお断りするとともに，ご教示，ご批判をいただければ，幸甚に思っております。

後藤　茂之

索　引

214

【著者紹介】

後藤　茂之　Shigeyuki Goto

専修大学および大学院　客員教授，中央大学大学院　非常勤講師
商学実務特論，企業倫理，保険論，経営リスクマネジメントを担当

【職歴等】

2015年3月まで大手損害保険会社及び保険持株会社にて，企画部長，リスク管理部長を歴任。損保・生保経営管理業務に従事。その間，日米保険交渉，合併・経営統合，海外M&A，保険ERMの構築などに参画。
2015年4月より，大手監査法人にてリスクアドバイザリーサービスに従事。主として金融・保険会社に対し，経済価値ベースの管理（ERM高度化，IFRS導入），ガバナンス，リスクカルチャー，気候変動リスク，ESG要素の経営へのインテグレーションなどにかかわるサービスに従事，現在に至る。
大阪大学経済学部卒業，コロンビア大学ビジネススクール日本経済経営研究所・客員研究員（1996～1997），中央大学大学院総合政策研究科博士課程修了。博士（総合政策）

【主な著書・論文】

- 『気候変動リスクへの実務対応』中央経済社（2020年，編著）
- 『ERMは進化する－不確実性への挑戦』中央経済社（2019年）
- 『最新IFRS保険契約』保険毎日新聞社（2018年，第14章執筆）
- 『保険ERM基礎講座』保険毎日新聞社（2017年）
- ERM経営研究会『保険ERMの理論と実践』金融財政事情研究会（2015年，第3章共同執筆）
- Insurance ERM for New Generations, The Geneva Association, *Insurance and Finance Newsletter*, No.13 February 2014.P.25,26.
- Building up capital buffers and recognizing judgemental risk, *Asia Insurance Review*, January 2013.P.76,77.
- Behavioral Risk Management for Improper Risk Taking, *Advaces In Management*, Vol.2(4) April 2009.P.7-15.
- The Bounds of Classical Risk Management and the Importance of a Behavioral Approach, *Risk Management and Insurance Review*, Vol.10,2007.No.2,267-282

リスク社会の企業倫理

2021年9月20日　第1版第1刷発行

著　者　後　藤　茂　之
発行者　山　本　　　継
発行所　㈱中　央　経　済　社
発売元　㈱中央経済グループ
　　　　パ ブ リ ッ シ ン グ

〒101-0051　東京都千代田区神田神保町1-31-2
電話 03 (3293) 3371 (編集代表)
03 (3293) 3381 (営業代表)
https://www.chuokeizai.co.jp
製版／三英グラフィック・アーツ㈱
印刷／三　英　印　刷　㈱
製本／有　井　上　製　本　所

© 2021
Printed in Japan

●お奨めします●

不確実性にどう向き合い、どう対応すべきか

ERMは進化する
不確実性への挑戦

後藤　茂之　著

サイバーやデジタル化などにより経営環境は激変し、経験したことがないほどの不確実性にさらされている。不確実性にどう向き合うべきかを著者の知見をもとに解説した意欲作。

【本書の構成】

●中央経済社●